KB215330

일본이
침몰하면

일본이 침몰하면 1천 분의 666

펴 낸 날   2025년 04월 14일

지 은 이   이정표
펴 낸 이   이기성
기획편집   김정훈, 이지희, 서해주
표지디자인   김정훈
책임마케팅   강보현, 이수영
펴 낸 곳   도서출판 생각나눔
출판등록   제 2018-000288호
주   소   경기도 고양시 덕양구 청초로 66, 덕은리버워크 B동 1708호, 1709호
전   화   02-325-5100
팩   스   02-325-5101
홈페이지   www.생각나눔.kr
이 메 일   bookmain@think-book.com

·책값은 표지 뒷면에 표기되어 있습니다.
  ISBN 979-11-7048-868-2(03300)

이정표 지음

1천 분의 666

일본이 침몰하면

일본 열도가 침몰하면 지구에 어떤 일이 일어날까?

생각나눔

서문

여름에는 덥다 못해 극심한 폭염, 지역적인 폭우 및 홍수 등 모든 것이 기록적이다. 태풍의 크기도 한반도를 덮을 정도로 크게 발달한다.

겨울에는 겨울답지 않게 포근하다가 매서운 한파가 오기도 한다. 내리는 눈은 습한 무거운 눈으로 적설량도 기록을 경신했다.

나라는 탄핵, 탄핵, 또 탄핵, 끝내 대통령 탄핵, 그리고 대통령 대행인 국무총리도 탄핵했다. 의회 독재로 연일 시끄럽기만 하다. 탄핵당한 윤석열 대통령은 어떻게 될 것인가? 토요일마다 광화문 집회가 봇물 터질 듯 인산인해이더니, 이제는 전국 곳곳이 집회로 인산인해다. 많은 국민들은 피를 토할 듯 외치고 있건만, 정치권과 사법부 등은 눈을 감고 귀를 닫는 이 현실이 답답하다. 국민들은 경제가 어려워 살아가기도 팍팍한데, 엎친 데 덮친 격, 나라 걱정으로 잠 못 이룬다. 그래도 우리 젊은이들이 깨어나고 있어 희망은 있다고 할 수 있다.

기후도 혼란스럽고 나라도 매우 혼란스럽다.

김일부 선생님과 탄허 스님이 말씀하신 대변혁기가 다가왔는가?

세계에서 원인불명의 이상한 징후들을 쉽게 찾아볼 수가 있다. 화산 폭발이 임박했다고도 하고, 대재앙의 지진이 임박했다고도 한다. 지구가 대변혁기가 임박했다는 경고인가보다.

이렇게 변혁기는 임박했는데 우리나라에서는 누구도 관심이 없는 것 같다. 아니 지탄받는 것이 두려워 용기를 못 내고 있을 것이다.

일본은 위기를 느끼고 있을까?

일본은 지진이 잦은 나라이니 심각한 위기를 느끼고 있을 것이다. 일본이 매우 위험하다는 심각성을 느끼고, 결단성 있는 일본 사람들은 일본을 떠나고 있을 것이다.

우리도 일본 여행은 자제해야 한다. 이러한 변혁기가 언제 일어나는지를 정확하게 알지 못하고, 일본이 가장 위험한 지역이기 때문이다.

『정역』을 연구하신 분들, 역학을 공부하신 분들, 성경을 공부하신 분들, 지리학을 공부하시는 분들, 수질, 대기 등 모든 분께 사과 말씀부터 드린다. 모든 것이 과학적인 근거가 부족하다. 역학도 공부도 부족하다. 많은 이해 부탁한다.

과학적이고 역학적인 근거보다도, 정말 변혁기가 온다면 어떻게 준비하는 것이 좋을까?

변혁기가 왔다면 어떻게 맞이해야 하는가? 의문에서 이 글을 작성해 본다.

두서없는 글, 핵심만 전달하고자 한다.

글을 쓰는 방법을 공부해서 잘 쓰고 싶었으나, 마음에 여유도 없거니와 다가오는 위기에 급하게 글을 남긴다.

2025년 2월 7일

이 정 표

시작하며

대변혁의 시기를 관통하며

불확실성으로 가득 찬 현재를 사는 우리에게는 불안과 희망이 공존한다. 다가올 미래에 대한 불안을 잠재우는 방법은 늘 비상한 관심을 기울여 공부하고 대비하는 것이 좋은 방편이 될 듯하다.

조선 시대 유학자 김일부 선생의 정역 이론을 처음 접하고, 신선한 충격을 받았다. 중국 복희씨와 문왕의 팔괘를 중심으로 한 주역을, 우리나라 고유의 사상으로 발전시킨 김일부 선생의 정역 이론은 탄허 스님에 이르러 더욱 깊어진다.

예지자들은 지축이 바로 서는 세상의 일대 변혁에 관해 이야기한다.

그 과정에서 믿기 어려운 많은 예언이 쏟아졌다. 일본의 침몰과 미래 세계의 주역이 될 우리나라의 역할까지….

성경 구절에서도 미래를 암시하는 말씀을 곳곳에서 발견할 수 있다.

이런 대변화의 징후들을 내 나름의 방법으로 찾아보고, 세상이 뒤집히는 환란을 현명하게 통과하기 위한 준비와 방법을 공유하고 싶어 이 글을 쓰게 되었다.

지금과는 전혀 다른 차원의 미래를 맞이하기 위한, 혼란의 시기를 현명하게 관통하기 위해서 우리는 어떤 준비를 해야 할까?

혼란과 무질서가 바로 잡히고 조화와 상생의 미래를 맞을 수 있다면 그보다 큰 행운은 없을 것이다.

다가올 대혼란의 시기, 우리가 기대할 수 있는 희망에 관해 이야기하고 싶다.

목차

제1부

변화의
기운

아침부터 날이 덥다. 6월인데 이미 열대야가 시작되었다. 더워서 잠을 설치게 된다. 선풍기 없이는 잠들기 어렵다. 에어컨을 켠 채 잠들면 추워서 깨고, 끄면 더워서 잠을 설치게 된다. 본격적인 여름이 시작도 되기 전, 긴 여름을 어떻게 보내야 할지 걱정이 앞선다.

어린 시절에는 에어컨은 커녕 선풍기 없이도 잘 지냈다. 전기도 없이 등잔불에 의지해 살았는데 선풍기나 에어컨이 있을 리만무하다. 더운 날이면 차가운 우물물을 한 바가지 등에 뿌리고 부채로 더위를 식혔다. 저녁에는 마당에 멍석을 펴고 그 옆에 모 깃불을 피워 모기를 쫓는 게 전부였다. 밤에는 방 안에 모기장 을 치고 잠을 청해도 편안하게 잠을 잤다. 더위 때문에 잠을 설 친 기억이 일 년에 한두 번이나 될까, 거의 기억에 없다.

옛날 우리 한옥은 지금처럼 창문이 많지 않았고, 크기도 매우 작았다. 방문도 허리를 세운 채 똑바로 서서는 들어갈 수 없었 다. 반자는 낮아서 까치발을 들지 않아도 손을 들면 쉽게 닿았 다. 바람도 잘 통하지 않았다. 그래도 더위를 모르고 살았다.

요즘은 출입문의 폭도 크고 높아졌다. 부채는 거의 사라지고 집마다 에어컨이 필수품이 된 지 오래다. 그나마 부채는 장식용 으로 만들어 기념하는 정도로만 흔적이 남았다. 더위에 부채질 을 하면 더운 바람 때문에 더 더워져서 땀을 흘려야 한다. 이번 여름은 또 얼마나 길고 무더울지 걱정이다. 해가 갈수록 더운 여름이 극성이다.

때 이른 더위와 변덕스러운 날씨는 지구 온난화 때문이라고 한다. 지구 온난화는 지구의 평균 기온이 상승하는 현상을 말 한다. 원인은 대기 중에 이산화탄소(CO_2)나 메탄(CH_4)과 같은 온실가스가 증가해서 지구 온도가 높아지기 때문이라고 한다.

이산화탄소(CO_2)는 화석 연료를 사용할 때 많이 발생하는데, 현대를 사는 우리는 화석 연료 없이 살아가기란 거의 불가능하다. 우리가 늘 사용하는 전기도 석탄 발전량이 30%나 된다. 우리가 타고 다니는 차 대부분은 유류 없이는 이동할 수 없다.

메탄(CH_4)가스는 자연적으로는 유기물 분해 과정에서 발생하며, 동물의 소화 과정에서 배출되기도 한다. 인간의 다양한 활동 과정에서도 메탄가스는 배출된다. 쓰레기가 혐기성 조건에서 분해되는 과정에서도 발생하는데, 그 양이 매우 많아 대기 중 메탄의 농도를 높이고 있다.

이렇듯 지구 온난화의 주요 원인으로 꼽히는 이산화탄소와 메탄가스는 태양열을 가두는 온실 효과를 불러일으켜 지구의 평균 기온이 상승하게 한다. 이러한 지구 온난화로 인해 심각한 기후 변화는 물론, 우리 삶의 환경 변화에도 지대하게 큰 영향을 미치고 있다.

우선, 지구의 기온이 상승하고, 강수량이 늘어난다. 태풍이 강해지고, 생태계가 변화한다. 우리나라 남해안에서 아열대 식물들이 자랄 수 있는 환경이 된 것도 기온 상승의 영향이다. 사과의 주생산지가 대구에서 남한의 가장 북쪽인 인제 지역으로 이동하는 현상도 생겨났다.

무엇보다 큰 문제는 해수면이 상승하여, 낮은 지역은 바닷물에 침수되기 시작한 것이다. 바닷물 수위가 높아진 것은 지구 온난화로 빙하가 많이 녹았기 때문이다. 북극이나 남극 지방의 빙하가 녹고, 높은 산의 빙하도 녹아내리고 있다.

남태평양 섬나라들은 바닷물 수위가 높아져, 섬이 침수되기 시작한 지 이미 오래다. 심지어 섬나라 투발루는 국가 포기 선언을 하기에 이르렀다.

일본 열도도 침몰하고 한다. 일본의 침몰은 탄허 스님을 비롯한 많은 선각자의 예언이 있었다. 심지어 일본 침몰에 관한 내용을 다룬 SF소설이 대유행을 하기도 했다. 일본인 작가 고마쓰 사쿄가 지은 『일본 침몰』이라는 책인데 우리나라에는 1992년 4월 10일에 번역, 발행되었다. 만화로도 제작되어 소개되었는데, 2006~2008년에 잇시키 토키히코 작품으로 우리나라에서도 8권으로 발행되었다.

일본이 침몰된다는 가설은 인터넷 정보를 조금만 찾아보면 쉽게 접할 수 있다. 이렇듯 일본 침몰에 관한 내용은 우리나라의 탄허 스님뿐 아니라 일본에서도 예언되었고, 세계 다른 나라에서도 예언되었다. 다양한 선지자들의 예언을 접하게 되니, 정말 일본이 침몰하는 것은 아닌가 싶은 생각이 들기도 한다.

　그렇다면 단지, 지구 온난화 때문에 일본이 침몰하게 되는 걸까? 나는 꼭 그렇지는 않다고 생각한다. 무언가 알 수 없는 커다란 변화가 있을 것 같다. 지구의 모든 빙하가 다 녹지 않겠지만, 만약 다 녹는다고 가정해 보자. 예측에 따르면 바닷물 수위가 70m 정도 상승할 수 있다고 한다. 그렇게 되면 우리나라의 수도 서울도 잠기게 될 것이다. 70m 이하는 모두 잠긴다는 뜻이다. 만약 사실이라면 한반도 영토 대부분이 잠기게 된다. 미국도 잠기고 유럽이나 중국은 물론 낮은 지역은 모두 잠길 것이다. 일본의 낮은 지역도 마찬가지일 것이다.

　이렇게 잠겼다고 해서 일본만 침몰된다고 말하지는 않을 것 같다. 세계 바다 수위가 높아짐에 따라 "대한민국 인천이 침수되었다. 혹은 일본 도쿄가 침수되었다. 그도 아니면 오사카가 침수되었다."라고 표현했을 것이다. 일본 침몰이라는 표현은 사용하지 않았을 것이다. 조금 더 생각해 보면, 일본의 침몰이라는 말은 지구에 다른 변화가 일어났다는 뜻이 될 수 있다. 예언에 따르면 일본은 세계에서 가장 불행한 나라가 될 것이라고 한다. 조상들이 잘못한 업보일지도 모르겠다.

제2부

조선 유학자
김일부 선생의 정역 이론

조선 시대 말기에 김일부 선생님이 '정역' 이론을 발표했다. 김일부 선생님의 이론에 따르면, 현재 우리는 주역 시대에 살고 있는데, 머지않아 정역 시대로 바뀌는 때가 온다고 했다. 탄허 스님은 이렇게 더워지는 온난화 현상도 주역 시대에서 정역 시대로 바뀌기 위한 변화의 과정이라고 풀이하셨다.

주역 시대는 지구가 태어나서 성장하는 시기로, 지구의 생애 주기가 봄을 지나 여름의 끝으로 이행하는 단계라고 한다. 지구가 여름의 왕성한 성장을 멈추고, 완성을 이루는 가을로 넘어가는 막바지 단계인 것이다. 지구는 앞으로 가을을 맞기 위해 많은 시련을 겪게 된다고도 했다. 갈수록 더워지는 것도 지구가 가을을 맞이하기 전, 마지막 극성일 수도 있겠다는 생각이 든다.

성장 시대인 여름에는 무덥기도 하지만, 태풍도 발생하여 많은 비가 내리고, 세찬 바람도 분다. 이러한 단계를 지나면 가을이 온다. 그동안 지구의 축이 23.5도 기울어진 채로 공전하기 때문에 여름도 오고, 겨울도 왔다. 인간들도 성장하는 과정으로 갈등하고, 싸움도 피할 수 없다고 한다. 그래서 세계는 하루도 전쟁을 피할 수 없었던 것이다.

일본은 고대부터 우리나라를 통해서 항상 선진 문물을 받아들여 발전했지만, 우리가 보는 앞에서는 도움을 청하면서도 뒤에서는 배신하고, 노략질을 일삼아 왔다. 우리 은혜에 보답하기보다는 못된 짓을 아주 많이 했다.

일본은 우리나라와 다르게 일찍부터 통일된 국가로 발전하지 못했다. 국가가 통일되지 못하니 작은 성들끼리 도적질하고, 약탈하는 것도 모자라 서로 죽고 죽이는 전쟁이 잦을 수밖에 없었다. 빈번하게 전쟁이 일어나니 백성들의 삶도 피폐해졌다. 이런 정세 속, 척박한 땅에서 먹고살기가 힘들어, 노략질하며 살았을 수도 있다. 지금까지도 그런 못된 근성이 사라지지 않고 있는 것 같다.

19세기 중엽, 일본은 서양 세력에 굴복하여 우리나라보다 먼저 개항하고 서양 문물을 받아들여 국력이 앞서게 되었다. 그런 일본은 제 버릇 개 못 주고, 20세기 초에는 우리나라를 강제로 병합하고 말았다. 우리는 35년간이나 나라를 잃고 살았다.

1945년 8월 15일, 마침내 우리나라는 해방되었다. 이 독립은 우리가 잘해서라기보다는 미국이 일본을 이겼기 때문에 가능했다. 혼란한 시기를 거치며 조선은 멸망했고, 세계 2차 대전을 겪으며 우리는 해방을 맞을 수 있었다. 항상 인류는 새로운 날이 오려면 변화를 겪게 된다. 지금도 지구는 현시대에서 새로운 시대로 가기 위해 갈등과 전쟁을 겪고 있는 것인지도 모르겠다.

우리는 해방 후 38선 이북과 이남으로 나뉘어 심한 체제 전쟁을 겪어야 했다. 다행스럽게도 이남은 미군정시대 3년을 거치고 이승만 대통령을 중심으로 정부를 수립했다. 1948년 8월 15일로 대한민국이 건국되었으나 공산주의자들 때문에 나라는 매우 혼란스러웠다. 이런 때에 한반도에 주둔했던 미군이 1949년 6월에 철군했다.

미군이 철군한 지 1년 만인 1950년 6월 25일, 북한군이 남한을 침략했다. 미국은 즉각적으로 6월 30일부터 미군을 참전시키고, 유엔 안보리는 1950년 6월 27일 안보리 제83호 결의안을 통과시켰다. 안보리 결의안 제83호는 유엔 회원국에게 남한을 도울 군사적 지원을 요청하는 것이었다. 이에 따라 세계 역사상 처음으로 유엔군이 결성되었고, 미군은 유엔군의 일원으로 한국전쟁에 참전하게 되었다. 유엔군 사령관에는 더글러스 맥아더 장군이 임명되어 공산국가 북한으로부터의 침략을 막아 우리나라는 자유민주주의를 지킬 수 있었다.

이승만 대통령은 1953년 7월 정전이 되자 북한의 재침을 막기 위한 대책으로 한·미 간 동맹 체결을 촉구하였다. 이승만 대통령은 한미상호방위조약을 체결하여 튼튼한 안보로 전쟁에 대한 불안을 해소했다.

이렇게 미국은 우리나라 외교에 있어서 가장 긴밀하고 실질적인 우호 협력 관계를 맺어온 나라이다. 미국은 우리나라가 일본 제국주의 식민 통치에서 벗어나는 데 결정적인 역할을 하였으며, 정부 수립을 후원한 가장 중요한 우방이다.

그뿐 아니라 1950년 한국전쟁이 발발했을 때 병력을 투입함으로써 지금까지도 우리나라 안보를 튼튼하게 지켜주고 있다. 미국이 우리와 함께함으로써 전쟁 발발 위험으로부터 안전할 수 있었다. 우리나라는 이렇듯 19세기 말부터 21세기 초, 그리고 현재에 이르기까지 갈등과 혼란을 겪고 있다.

국가가 혼란한 것은 조선 시대 말기나 해방 전후, 그리고 지금까지도 비슷한 것 같다. 아직도 우리는 체제 전쟁을 하고 있다. 지구의 주역 시대에서 정역 시대로 바뀌는 대변혁이 이루어지는 시기로 사회적 정치적 갈등이 더 격화되는 것 같다. 혹독한 추위와 칼바람이 지나가야 봄이 오듯 많은 갈등이 지나야 정역 시대가 열리는 것은 아닐까 생각하게 된다.

정역 시대는 성장이 멈추고 결실을 보는 시기로, 정신도 갈등의 시간을 벗어나 성숙하게 된다. 이러한 변혁이 일기 위한 초고도의 갈등이라고 볼 수 있다.

제3부

정역 이론의
탄생 배경

영웅은 난세에 나타난다. 전쟁 시에 전쟁 영웅이 나타나는 것이다. 전쟁이 없는 평화로운 시대에는 전쟁 영웅이 나타날 수 없다. 조선 시대 말기 19세기 말 혼란한 시기에 김일부 선생님이 쓰신 역학서 『정역』은 그런 뜻에서 의미가 크다.

충남 논산에서 태어난 김일부(金一夫, 1826~1898) 선생님이 기존의 주역을 새롭게 해석한 것이 『정역』이다. 김일부 선생님은 조선 말기 혼란한 시절을 사셨다. 세계는 봉건 국가에서 근대 사회로 넘어가고, 조선은 서양과 주변국에 간섭당하고 백성들은 하루하루 살기에도 벅찬 최악의 시기에 『정역』이 탄생하게 된 것이다.

　『정역』은 다른 나라에는 없는 우리 고유의 학문으로, 우리를 구하기 위해 나온 책이라고 생각한다. 김일부 선생님은 100년이 훨씬 지난 21세기에 인류를 구하는 영웅이 되실 수도 있다.

• 복희(伏羲) 팔괘

　『정역』 전에는 중국의 복희(伏羲) 팔괘와 문왕 팔괘(文王八卦)가 있었다. 복희(伏羲) 팔괘는 선천에 선천이라고도 한다. 복희 팔괘는 복희씨가 만든 것으로 전해지며, 우주와 자연의 순수한 원리를 상징한다. 복희 팔괘는 하늘의 질서, 즉 우주의 근원적 구조와 태초의 상태를 나타낸다.

　선천 시대란 조화와 통일의 원리 속, 이상적인 상태를 말한다. 복희 팔괘 배치는 그림에서 보듯 건(乾.하늘)과 곤(坤.땅)이 중심적인 위치에서 균형을 이루고 있다. 따라서 복희 팔괘는 선천 시대에 적합하다.

복희 팔괘는 희역(犧易)이라고도 한다. 5,600년 전에 배달국의
태호 복희가 완성했다. 복희(伏羲) 팔괘는 동쪽에 이(離)괘 화
(火)가 위치해 있는데, 이는 동쪽에서 아침에 해가 떠오르는 모
습을 하고 있다. 아기가 엄마 배 속에서 자라는 모습이다. 우주
의 봄철이 일 태극을 중심으로 만물이 창조되고 생성되는 원리
이다.

· **복희**(伏羲) **팔괘도**

복희(伏羲) 팔괘 방위도에서 하늘과 땅이 올바른 위치를 잡고 [天地正位], 산과 못이 서로 기(氣)가 통하며[山沢通氣], 우레와 바람은 서로 박박거리면서 접근하고[雷風相搏], 물과 불이 서로 쏘지 않고 싫어하지 않는다[水火不相射]고 밝히며 그 위치와 방향을 정했다.

복희 팔괘도를 살펴보면 대립적 위치에 있는 괘들이 서로 균형과 조화를 이루고 있다. 하늘과 땅이 서로 만물을 낳고, 못의 기운이 산으로 올라가 구름과 비가 되며, 물과 불은 상극 관계이면서도 서로 감응해 유기적 관계를 형성하고 있음을 보여준다.

즉, 복희 팔괘도는 주역이 추구하는 이상적인 자연계의 모습이고, 자연계의 정태적 공간 구조를 나타내고 있어 현실과는 다른 모습이다. 현실은 언제나 조화와 부조화, 균형과 불균형이 공존하고 있기 때문이다.

복희(伏羲) 팔괘 시대는 1년 375일에 대한 역(易)이다.

• 문왕 팔괘(文王八卦)

　문왕 팔괘도는 선천에 후천이라고도 한다. 주나라 문왕에 의해 3,000여 년 전에 완성했다. 주역(周易)은 주나라 문왕이 만든 8가지 괘(卦)로서 문왕 팔괘(文王八卦)라고도 한다. 우주의 변화 원리를 밝힌 팔괘를 말하며 현재 우리가 살고 있는 우주 변화의 원리를 8개의 괘(卦)로써 그려낸 것이다.

　문왕 팔괘도는 이(離)괘 화(火)가 남쪽에 있어 해가 정남에 떠올라 있는 모습이다. 이 모습은 태어나서 성장하는 모습이다. 오황극은 중앙에 위치하며, 우주의 여름철에 오황극을 중심으로 만물이 분열하고 성장하는 원리이다.

　문왕(文王) 팔괘는 복희(伏羲) 팔괘의 원리를 인간 세계와 역사적, 현실적 맥락에 맞게 변환한 것이다.

　복희(伏羲) 팔괘가 우주적 원리를 중시했다면, 문왕(文王) 팔괘는 인간과 자연의 관계를 중심으로 변화와 균형을 설명한다. 문왕 팔괘는 상하와 좌우 대칭적인 배치를 통해 인간관계에서의 변화와 반복되는 현상에 주목한다.

　현재 우리는 주역 시대에 살고 있다.

우리나라는 간(艮)방, 미국은 태(兌)방, 중국은 진(震)방이다. 그리고 땅인 곤(坤)과 하늘인 건(乾)이 문왕 팔괘에서 보는 바와 같이 오른쪽으로 치우쳐있다. 상하로, 수직으로 마주 봐야 하는데 기울어져 있다. 이처럼 지구는 23.5도로 기울어져 자전하고, 공전하고 있다.

문왕 팔괘는 1년 365와 4분의 1에 대한 역(易)이다.

· **문왕 팔괘**(文王八卦)**도**

• 정역 팔괘

정역 팔괘는 후천 팔괘라고도 한다.

정역 팔괘는 열매를 맺는 시기로 10무극[10乾]이 주재한다.
정역 팔괘는 120년 전에 조선 말기 유학자 김일부 선생님이 완
성했다.

정역 팔괘는 이(離)괘 화(火)가 남서방에 위치하고 있다. 해가
서쪽으로 기울어진 상태로 2(火)와 7(火) 양기가 내부에 저장된
모습을 하고 있다. 성장을 멈추고 정신의 완성을 이룬 모습이다.

• 정역(正易) 팔괘도

우주의 가을에 해당하는 시기로 금화교역(金火交易), 즉 화를 뜻하는 여름이 끝나고, 금을 뜻하는 가을이 시작하는 시기라는 뜻이다. 가을에 만물이 열매를 맺듯 지금껏 해온 일들이 결실을 본다.

문왕 팔괘에서는 서북방에 있던 건(乾)방이 정역 팔괘에서는 정북쪽에 위치하고, 남서쪽에 위치하던 곤(坤)방은 정남쪽으로 위치하여 서북쪽, 남서쪽으로 치우친 건곤(乾坤)이 수직으로 바로 서게 된다는 이론이 『정역』이다. 간(艮)방은 동북쪽에서 동쪽으로 바뀌고, 서쪽 태(兌)방이 위치하고 있다.

건(乾)은 아버지, 곤(坤)은 어머니, 진(震)은 장남(長男), 손(巽)은 장녀(長女), 감(坎)은 중남(中男), 이(離)는 중녀(中女), 간(艮)은 소남(少男), 태(兌)는 소녀(少女)이다.

오행(五行)으로는 1과 6은 수(水), 2와 7은 화(火), 3과 8은 목(木), 4와 9는 금(金), 5와 10은 토(土)이다.

문왕 팔괘에서 중앙 숫자는 5이다. 5는 오행으로 토(土)인데, 정역 팔괘에서는 중앙이 2와 7로 화(火)로 바뀌게 된다. 이렇게 문왕 팔괘에서 정역 팔괘로 변화하려면 지구는 화(火)로 뒤집힌다는 것을 알 수 있다.

참고로 8괘를 설명한다.

팔괘의 기본 요소는 이어진 선(一)과 끊어진 선(--)인데, 서로 반대되는 모든 현상과 관계성을 상징한다.

주역에서는 굳셈과 부드러움 혹은 음양(陰陽), 음효(陰爻, --)와 양효(陽爻, 一)로 명명되었다. 음효와 양효가 세 개씩 겹쳐질 때 나타날 수 있는 경우가 모두 여덟 가지이기 때문에 8괘가 성립되었다. 전체가 이어진 선 '一'과 사이가 끊어진 선 '--'으로 이루어지며, 그 명칭은 건(乾 : ☰), 곤(坤 : ☷), 진(震 : ☳), 손(巽 : ☴), 감(坎 : ☵), 이(離 : ☲), 간(艮 : ☶), 태(兌 : ☱)이다.

팔괘는 하늘[天], 땅[地], 우레[雷], 바람[風], 물[水], 불[火], 산[山], 연못[澤]의 8가지 자연 현상을 상징한다. 음(--)과 양(一)이 팔괘의 근본인데, 음양의 2가지 기체의 결합·교감에 의해 만물이 생성한다는 것이다. 이것은 정과 반, 2면의 모순 대립을 통해 사물의 변화와 발전을 설명한다.

건(乾)은 부(父), 곤(坤)은 모(母), 진(震)은 장남(長男), 손(巽)은 장녀(長女), 감(坎)은 중남(中男), 이(離)는 중녀(中女), 간(艮)은 소남(少男), 태(兌)는 소녀(小女)이다.

이렇게 괘는 3효로 구성된 8개의 단괘(単卦)와 두 개의 단괘
가 겹쳐진 6효 중괘(重卦)가 있는데, 8괘를 두 개씩 중첩(8×
8=64) 시켰을 때 나타날 수 있는 괘의 수는 64개이기 때문에 주
역 64괘로 구성된 것이다.

제4부

후천개벽,
탄허 스님의 예언

김일부 선생님은 조선 말기 혼란한 시기에 사셨다. 그 당시는 국운이 기울고, 부정부패가 심한 시기였다. 관리들은 뇌물을 주고 임명이 되었다. 그렇게 임명된 관리들은 자기 관할의 백성들을 무자비하게 수탈했다. 군인 봉급도 제대로 주지 못하는 아주 혼란한 시기였다.

이 어지러운 세상에 김일부 선생님은 정역 이론을 우리에게 남기셨다. 선생님은 100년 후에나 일어나는 역으로, 우리에게 대변혁기가 온다는 것을 미리 알려주시려 『정역』 책을 남겼던 것이다.

현재에도 이해하기 힘든 이론이 그 당시에는 더욱 갖은 수모와 지탄을 받았을 것이다. 이 글을 쓰고 있으나, 나 역시 지탄받을까 두렵다.

그러나 나는 김일부 선생님이나 탄허 스님이 많은 예언을 남기신 것은, 주역 시대에서 정역 시대로 바뀌는 대변혁기의 위험에서 우리를 구할 수 있는 예언이라는 것을 의심하지 않기에 내 나름의 해석을 더해본다. 두 분이 우리에게 무엇을 전하고 싶었는지, 나는 그 깊은 뜻을 완전히 알 수 없다. 두 분이 전하고 싶었던 내용이 다를지라도, 나는 이 글을 멈출 수 없다. 조금이나마 도움이 되고 싶은 심정으로 글을 작성한다.

세계의 대변혁기를 거치고 정역 시대가 온다면, 김일부 선생님은 100년이 훨씬 지나서, 우리나라 국민을 살리는 영웅이 될 수도 있는 것이다.

정역 이론은 우리나라에만 있는 독특한 세계관이다. 정역 시대를 맞이하게 되면 우리나라가 세계의 중심국가로 발전하게 된다고 제시하고 있다. 하나는 한국이 중심국가가 된다는 것이고, 다른 하나는 세계적인 기후변화로 인해 대변혁, 즉 후천개벽(後天開闢)이 현실화된다는 것이다.

한국의 지정학적 위치는 주역 팔괘 중 간방(艮方)에 해당된다. 동북쪽이다. 기존 주역에서는 간(艮)의 위치가 동북(東北) 쪽이었지만, 『정역』에서는 간(艮)이 정동(正東) 쪽으로 이동한다고 봤다.

주역에 의하면 동북방인 한국을 뜻하는 간방(艮方)의 괘는 소남(少男), 즉 청년을 의미한다. 중국은 중년의 남자[長男]를 의미하는 진방(震方)이다.

탄허 스님은 이 간방(艮方)의 기운이 일어나는 계기를 4.19로 보셨다. 전 세계에서 젊은 청년 정신이 일어나서 부패한 정부를 마무리 지은 첫 사례라는 것이다. 우리나라의 정신은 젊은 청년들에게서 나온다. 문화예술 분야에서 BTS가 세계적으로 명성을 떨치는 것도 그렇고 IT 기술 등 청년들이 중요한 분야를 주도하고 있다.

탄허 스님은 1983년에 입적하셨다. 그 이듬해인 1984년은 조선 후기 김일부 선생님이 쓰신 역학서 『정역』이 나온 지 100년이 되는 해였다. 탄허 스님은 입적하던 1983년에 "1984년 갑자년부터 새로운 세상이 시작될 것."이라는 유언을 남기셨다. 그리고 다음 갑자년인 2044년까지 대격변이 있을 것으로 내다보셨다.

탄허 스님은 1982년에 『현토역해 주역선해』를 발간하고 정역 팔괘 해설을 부록으로 남겼다. 중국역인 문왕 팔괘의 시대가 가고, 한국 역인 정역 팔괘(正易八卦)의 시대가 올 것으로 예견한 것이다.

1984년 갑자년부터 60년이 지난, 다음 갑자년인 2044년까지 주역 시대에서 정역 시대로 바뀌는 대변혁기를 겪게 된다는 뜻이다. 이 변혁기 60년 동안은 사회적으로나 정치적, 사상적 갈등이 고도로 높아지고, 젊은 청년들이 세계에서 두각을 나타내는 시기이다.

1984년에 시작해 2024년을 지나, 2044년 갑자년까지는 20년이 남았다. 남은 20년 동안 정역 시대로 바뀐다는 뜻이다. 아무런 문제 없이 정역 시대로 바뀌면 좋겠지만, 정역 팔괘도에 따르면 건(乾)과 곤(坤)이 바로 서 있다. 지구에는 지축이 바로 서는 고통의 시간이 오면서 바뀌게 된다는 뜻이다. 그 고통 속에는 일본이 침몰되어 멸망한다는 뜻도 포함된 것으로 풀이된다.

탄허 스님은 일본 강점기에 태어났다(1913년 1월 15일~1983년 6월 5일). 탄허 스님의 예언은 매우 놀랍다. 탄허 스님의 지난 예언 중 몇 가지를 열거해 보면,

· 6·25 전쟁 예언

1949년 월정사에서 수행 중일 때, 개미들이 서로 싸워 법당에 수백 마리가 죽어있는 것을 보고 전쟁을 예감해 제자들과 함께 경상도 양산의 통도사 백련암으로 자리를 옮겼는데, 이듬해 6·25 전쟁이 일어났다. 한국전쟁의 발발 연도와 날짜, 새벽 5시에 일어난다는 시간까지 정확하게 맞춰 또 한 번 사람들을 놀라게 했다.

월정사는 점령당하고 통도사는 안전하다는 것을 알고 대비하셨다. 이처럼 스님께서는 미리 전쟁이 일어난다고 예견하셨고, 부산 지역은 전쟁으로부터 안전하다는 것을 내다보셨다. 이때 탄허 스님의 연세는 38세였다.

• 미국의 베트남전 패배

미국은 역학의 원리로 베트남과 전쟁을 하면 망신을 당하고 필패할 것이라고 내다봤다. 오행으로 볼 때 월맹은 화(火)이고 미국은 금(金)이니 화극금의 원리로 금이 녹아내리게 되나, 금이 워낙 장대하니 일부분만 녹고 손해를 볼 것이라고 하셨다.

베트남 전쟁은 1955년부터 1975년까지 북베트남(월맹)과 남베트남(월남)과의 사이에서 일어난 전쟁이다. 미군이 주둔한 기간은 1962년 2월 8일부터 1973년 3월 29일까지로, 이 기간 미국은 세계 어떤 나라와도 견줄 수 없는 초대강국이었다. 그런데 탄허 스님은 미국이 베트남 전쟁에서 패한다고 했던 것이다. 당시 누가 믿었겠는가? 그러나 미국은 베트남 전쟁에서 망신만 당하고 철군했다.

• 울진, 삼척지구 무장공비 침투 사건

1968년 울진과 삼척 지방에 무장공비가 몰려들기 직전 화엄

경의 번역원고를 월정사에서 영은사로 옮겼다고 한다. 탄허 스님은 북한의 무장공비 침투를 미리 예견하고 영은사로 옮겼던 것이다. 그로부터 보름 후 울진, 삼척 무장공비 침투 사건이 발생했고, 공비 소탕 과정에서 스님이 기거하던 암자가 폐허가 되었다고 한다.

1979년 탄허 스님의 생일에 제자와 신도들이 시국에 대한 법문을 청하자 스님은 "금년이 기미년인데 기미가 보인다."라고 짧게 말하고 바로 법상에서 내려왔다고 한다. 그해 1979년은 기미년으로 10월 26일 박정희 대통령이 김재규에게 피살된 해이다.

그 후 평소 스님을 자주 찾아오던 정승화 육군참모총장에게 전화를 걸어

"당신은 우유부단해. 본분에 충실하면 되는 거야. 그렇게 약속할 수 있어?"라고 다그쳤으나 결국 얼마 후 12·12 사태가 발생하였다.

• 열반에 드는 날 예언

탄허 스님은 세수 71세에 열반에 드셨는데, 66세에 이미 자신이 입적할 때를 예언했다. 돌아가시기 5년 전에 자신의 입적 날짜를 예언한 셈인데, 실제로 스님은 정확하게 예언한 날에 입적해 세상 사람들을 놀라게 했다.

• 고베 대지진 예언

탄허 스님 생전에 자신의 사후(1983년 6월 5일), 12년이 되는 해에 고베 대지진이 일어난다고 했으며, 사망자 수와 피해 규모도 미리 예언하셨다고 한다.

탄허 스님이 입적하신 후 12년이 되는 해인 1995년에 실제로 고베 대지진이 일어났으며, 사망자 수와 피해 규모도 일치했다고 한다.

• 여자 임금 예언

"월악산 영봉(靈峰) 위로 달이 뜨고, 이 달빛이 물에 비치고 나면 30년쯤 후에 여자 임금이 나타난다."

월악산 근처 덕주사에서 이와 같은 예언을 하셨다고 한다. 당시 월악산에는 물이라고는 눈을 씻고 찾아봐도 없어서 아무도 그 말을 믿지 않았다. 예언 10년 뒤인 1985년 충주댐이 완공되면서 월악산의 달빛이 물에 비추기 시작했다.

충주댐은 공식적으로는 1985년에 완공된 것으로 알려졌지만 1984년에 담수를 시작했으므로 월악산 영봉에 달이 뜬 해는 정확히 말하면 1984년이다. 그런데 1984년으로부터 정확히 30년 뒤인 2013년, 우리나라 최초의 여자 대통령이 탄생하면서 탄허 스님의 통일 예언도 정말로 현실화되는 것이 아닐까 기대가 컸다.

"여자 임금이 나오고 3~4년 있다가 통일이 된다."라고 말씀하셨다. 박근혜 전 대통령을 '여자 임금'으로 본다면 남북통일에 대한 예언은 이뤄지지 않았다. 박근혜 대통령의 임기는 2013년 2월 25일부터 2017년 3월 10일까지이다. 예언 내용을 직역하면 남북통일은 2017년경 이뤄졌어야 한다. 임기가 끝난 다음부터 계산하면 2021년경에는 통일이 되었어야 한다. 그러나 이 예언은 실현되지 않았다. 하지만 대부분의 예언이 난해하게 기록되는 것으로 볼 때, 3~4년을 3×4=12년으로 계산하고 싶어진다. 그러면 2013년부터 계산하면 2025년이 된다. 2017년도부터 계산하면 2029년이 된다. 혹시 2025~2029년 사이에 통일이 이뤄지지 않을까 믿어 본다.

· 남사고 스님 예언

탄허 스님과 같은 예언이 있어 소개해 본다.

남사고 스님은 조선 중기, 1509년에 태어난 분으로, 예언하신 『격암유록』에 다음과 같이 실려있다.

統合之年何時 (통합지년하시, 통합이 되는 해는 언제인가)

龍蛇赤狗喜月也 (용사적구희월야, 용사년 적구월에 기쁘다)

白衣民族生之年 (백의민족생지년, 백의민족이 다시 태어나는 해다)

용사년의 용은 진(辰)년을, 사(蛇)는 사(巳)년을 의미하며, 적구(赤狗)는 붉은 개를 의미한다. 붉은색은 오행으로, 적색을 뜻하는 10간에 병정(丙丁)이 있다. 구(狗)는 강아지를 뜻하며, 12지에서는 술(戌)이 된다. 따라서 60갑자(甲子)에서 병술월(丙戌月)이 된다. 따라서 2024년 갑진년(甲辰年)과 2025년 을사년(乙巳年) 중 병술월(丙戌月)은 10월에 해당이 된다.

진사년(辰巳年)은 12년마다 돌아오고 병술월(丙戌月)은 5년마다 돌아온다. 2025년이 아니면 가장 빠른 용사년 적구월은 2060년 경진년(庚辰年) 병술월(丙戌月)이 된다. 2025년에 통일이 안 되면, 2060년에 된다는 뜻이다.

2025년을 주목해 보자. 2025년 10월 8일 한로(寒露)부터 병술월(丙戌月)이 시작된다. 병술월(丙戌月)은 11월 7일 입동(立冬) 전을 말한다. 올해 통일이 되어 2,500만 명 동포들이 김 씨 일가 독재에서 꼭 해방되기를 기대해 본다.

2025년 병술월(丙戌月)에 통일이 되면 한반도 우리 민족은 7천5백만 명 인구로 다시 시작하게 된다. 통일을 시점으로 다시 성장할 것이다. 저성장에 빠져 있다가 고성장 시대로 바뀌게 되면서 대한민국은 GDP가 급속도로 올라가는, 번영하는 국가가 될 수 있다.

그런 의미에서 탄허 스님이 한반도 통일을 예언하신 통일 되는 해가 꼭 2025년이기를 진정으로 바라는 바이다. 남사고 선생님이 예언하신 통합이 되는 해도 2025년이기를 바란다.

북한이 과거에도 어려운 시기가 많아 통일이 이뤄질 수 있다고 볼 수도 있겠지만, 외부를 너무 모르는 폐쇄적인 사회로 김씨 일족을 신으로 모시고 맹신한다. 누가 뭐라고 해도 북한을 지상 낙원으로 믿고 있으니 통일이 될 수 없었다. 그러나 현재는 전단, 라디오, 드라마와 같은 매체로 외부 상황이 전달되고, 34,000명의 탈북민으로 인하여 남북한의 실상을 정확하게 알게 되었다.

그래서 김정은이 급사하든지, 측근에 의해 죽게 되면 북한 정권은 제2인자가 없어 쉽게 무너지고, 통일될 것이다. 이 악독한 공산 정권이 무너질 때가 되니, 친북 세력들이 더 몸부림치고 발악하는 것 같다. 그러나 악독한 무리는 제거되고 없어진다. 우리나라 친북 세력들은 없어진다. 친북 세력들의 비리도 낱낱이 밝혀질 것이다. 이러한 갈등들이 바로잡히게 되면서 정역 시대를 맞게 되는 것이다.

지금의 상황은 우리나라의 1945부터 1953년의 시대를 보는 것 같다.

미국은 2025년은 1월 20일부터 트럼프 대통령 2기 임기가 시작되었다. 현재 정권에서 한국과 미국은 어떤 때보다 한·미 동맹이 굳건하다. 굳건한 동맹에서 한반도 통일을 미국도 긍정적으로 도와줄 것이다. 그리고 중국은 심각한 경제 상황과 내부 정치 상황으로 한반도 통일을 크게 막지는 못할 것이다.

북한 인민들은 자신들의 삶이 낙후된 것을 잘 알기 때문에 봇물 터지듯 급속도로 무너질 것이다. 북한이 지옥이라는 사실을 누구보다 잘 알기 때문이다. 북한 주민들은 전쟁이라도 일어나 세상이 뒤집히기를 바랄 것이다. 작은 충격만 있으면 무너질 것이고, 남한에 합류되기를 누구보다 원할 것이다. 2025년에 꼭 통일되어 노예 삶을 사는 우리 북한 동포가 빨리 해방되기를 바란다. 남북통일을 이루는 이 시기는 친북 세력이 사라지는 때이기도 하다.

이렇게 정역 시대에는 모든 것이 제자리로 바로 잡힌다고 한다. 대한민국 국민이 비로소 한마음 한뜻으로 뭉쳐 한층 더 나은 도약의 시대를 맞이할 것이다. 우리나라에서 사회주의자들이 사라질 것이다.

제5부

지진,
대변혁의 징후

탄허 스님을 비롯한 많은 사람이 예언했다. 아직은 모르지만, 일본은 3분의 2가 침몰되고, 우리나라 영토는 한반도 동남해안 쪽 사방 100리에 이르는 땅이 피해를 본다고 했다. 동쪽은 가라앉고 대신 서쪽이 올라오는 식으로 변하기 때문에, 우리나라 땅은 서해안 쪽으로 융기해 약 2배 이상 늘어날 것이라고 했다.

우리나라 영토는 10만㎢로 좁다면 좁다. 우리 영토가 늘어난다고 하니 좋기는 한데, 거기에는 무서운 뜻이 내포되어 있다.

인간으로서는 상상 못 할 지각변동이 일어난다는 뜻이기도 하다. 탄허 스님은 너무나 엄청난 큰일이라 구체적인 말씀을 하지 않았던 것 같다. 아니 우리에게 큰 혼란이 올까 봐 말씀을 안 하셨을 수도 있다. 스님의 큰 뜻을 누가 알까?

· 지진은 왜 일어날까?

지진은 지구의 껍질인 지각이 흔들리는 현상이다. 지진은 아무 곳에서나 일어나지 않고, 특정 지역에서만 빈번하게 일어난다. 발생 지진의 90% 정도는 지각을 이루는 판들의 접경 지역에서 일어나며, 지진이 일어나는 지역과 화산이 발생하는 지역이 거의 일치한다. 즉, 화산과 지진은 지각을 이루는 판과 판 사이의 상호 작용에 의해 일어나는 것이다.

그렇다면 지진은 어떻게 일어나는 걸까? 지진이 발생하는 경우는 몇 가지가 있는데, 대부분 화산 활동이 있을 때나 지층이 끊어질 때 발생한다. 지진이 발생하는 공통적인 원인은 다음과 같다.

지각판에 응력이 가해지는 상태가 지속되면 지각판에 응력이 계속 쌓여 높은 응력 상태가 된다. 이 응력이 지각판이 견딜 수 있는 상사점 이상을 초과하게 되면 더 이상 응력을 견디지 못하고 품고 있던 응력을 밖으로 내놓게 된다. 이러한 응력이 지각을 흔들어 놓는 원인이 된다.

예를 들면 지층이 끊어질 경우는 판들이 움직이다 부딪히면 그 힘이 판에 전해진다. 처음에는 그 힘이 지층을 휘게 하다가 휜 지층 부분이 끊어지게 되는 것이다. 이렇게 지층이 끊어지면서 한 면은 위로, 한 면은 밑으로, 한 면은 좌로, 한 면은 우로 밀릴 수도 있으며, 한 면은 섭입되고, 한 면은 솟구칠 수도 있다.

끊어진 지층은 위아래 또는 옆으로 이동하여, 응력이 낮은 새로운 위치에 자리 잡게 된다. 이렇게 지층이 어긋나 있는 것을 단층이라고 한다. 우리는 단층 지대라는 단어를 종종 듣는다. 이는 곧 지각판이 움직여 끊어졌다는 뜻이다. 또, 언제든지 움직여 끊어질 수도 있다. 세계의 지각은 항상 움직이고 있다. 이렇게 지각은 움직이고 있는데 다른 지각판들과 맞물려있기 때문에 응력이 쌓이고 있다.

도시별 지각 이동 크기

국가	도시	이동량
중국	베이징	31.9 mm
한국	서울	29.2 mm
일본	쓰쿠바	8.4 mm
프랑스	파리	24.1 mm
러시아	모스크바	25.4 mm
미국	호놀룰루	71.7 mm
미국	LA	41 mm
호주	시드니	58 mm
인도	방갈로	56.6 mm
잠비아	루사카	26.8 mm
칠레	산티아고	26.4 mm
스웨덴	온살라	22.4 mm
이탈리아	제노바	25.5 mm

　　지각판이 모두 움직이지 않으면 스트레스가 쌓이지 않아 지진이 발생하지 않겠으나 다음 그림에서 보는 바와 같이 지각판은 계속 움직이고 있다. 유럽과 아시아, 아프리카, 북미 등 세계 대부분 대륙이 말발굽 모양의 거대한 태평양으로 몰리고 있다.

유라시아판 북미판 태평양판 인도판 남미판 아프리카판 호주판

GPS로 측정한 지각 이동 거리

(1년에 5cm 이동)
※지각판 상의 화살표는 이동 방향과 연간 이동 거리를 나타낸다

자료:NASA(미항공우주국)

　한국은 매년 3㎝씩, 일본은 0.7~0.8㎝, 호주는 6㎝, 북미 대
륙은 2~3㎝씩 태평양 중앙을 향해 움직이고 있다. 일본은 여러
지각판이 서로 밀고 당기는 바람에 평소에는 많이 이동하지 않
는다. 그러나 2011년 동일본 대지진 때는 무려 2.4m나 태평양
쪽으로 움직였다.

　일본의 움직임이 적다는 것은 응력이 쌓이는 과정이라고 볼
수 있다. 일본 열도가 다른 지각판에 버티고 있는 것이 된다. 다

른 지각판의 움직임에 따라 같이 움직여야 응력이 쌓이지 않게 되겠으나 움직임이 적기 때문에 응력이 쌓이는 것이다.

아프리카 대륙은 유럽과 아시아 대륙을 밀고 있는 형국이다. 지각의 이동이 너무 느려 체감하기는 어려워도 지각은 치열하게 힘겨루기를 하며 서로 자리다툼을 벌이고 있다.

이 지각판이 똑같이 움직이고 있다면 지진이 거의 발생하지 않을 것이다. 그러나 판들은 움직이는 이동 거리도 다르고, 방향도 다르다. 특히 일본은 유라시아 판은 동으로 밀고 태평양판은 서로 밀고 있어 이동 거리가 0.7~0.8㎝ 움직인다. 다른 대륙판들에 비해 조금 움직인다.

나선형 압축 스프링 2개를 일직선으로 맞대놓고, 서로 밀어 압축시키면 약한 쪽으로 튕겨지게 된다. 이러한 현상이 지진인 것이다. 스프링은 압축 강도가 약할 때 튕겨지면 스프링의 튕김 강도가 약하고, 압축 강도가 클 때 튕겨지면 스프링이 더 많이 튕겨질 것이다. 지금 지각의 판들은 많은 압축이 가해지고 있고, 이 응력이 폭발하면 성경과 많은 예언가가 예언했듯 그러한 지진이 온다는 것이다.

한국천문연구원 박필호 박사는 "지구를 사과에 비유하면 껍

질에 해당하는 지각이 크게 10여 개로 나뉘어 있는데 서로 부딪히면서 끊임없이 움직인다."라고 했다. 박 박사는 위성항법시스템(GPS)을 이용해 대륙의 이동을 연구하고 있다. 동일본 대지진은 태평양판과 한국 일본이 올라가 있는 유라시아 판, 그리고 북미 판 등 3개 판이 부딪치며 일어난 것으로 보고 있다.

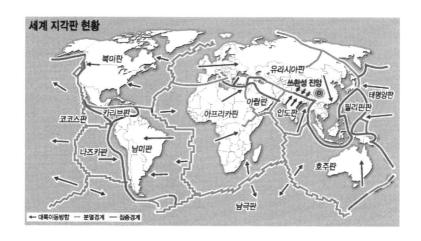

지각판이 움직이는 것은 맨틀의 대류 현상으로 일어난다. 맨틀의 대류 현상은 맨틀의 온도 차이로도 일어나지만, 지구의 자전으로 발생하는 원심력과 태양과 달에 의해 당기는 힘이 황도를 중심으로 대류가 발생한다. 지구가 기울어져 자전하기 때문

에 불규칙한 원심력이 생기게 되고 그로 인해 대류도 불규칙하게 발생하게 된다.

지각판에 전달되는 응력도 불규칙하게 된다. 불규칙한 응력이 강하게 또는 약하게 판에 작용하다 보니 지진이 자주 발생하게 되는 것이다. 지진이 자주 발생해도 응력이 완전히 풀리지 않고 응력은 또 쌓이게 된다. 지속적으로 축적된 응력이 강력하게 폭발적으로 발생하는 것이 지진이다.

성경 요한계시록 6장 12절에서 "내가 보니 여섯째 인을 떼실 때에 큰 지진이 나며 해가 검은 털로 짠 상복같이 검어지고 달은 온통 피같이 되며."라고 예언했듯이 그 시기가 도래했다는 것이다.

• 인도네시아 남부 해안 대지진

남아시아 대지진은 2004년 12월 26일 인도네시아 수마트라 섬 서부 해안의 40㎞ 지점에서 발생했다. 23만 명 이상이 목숨을 잃고 5만 명이 실종되었으며, 난민 169만 명이 넘게 발생한 규모 9.2~9.3의 초대형 해저 지진으로 1900년 이후 계기 관측

사상 두 번째로 강력한 지진이었다. 심해 해양의 섭입대에서 발생한 해구형 지진인데, 지진동보다 해일의 영향이 절대적으로 컸으며 사망자의 대부분이 해일에 의해 발생했다.

처음 지진이 발생했을 때는 그렇게 많은 사람이 목숨을 잃을 것이라고 예상하지 못했다. 그러나 해안에 도달한 해일의 높이는 최대 50.9m로 기록되어 있다. 이는 아파트 17층에서 20층의 높이로 이 높이의 해일만으로도 치명적인 인명 피해를 불러왔다.

세계적으로 보도된 높이도 30m로 많이 알려졌으며, 아파트 10층에서 12층 높이다. 가까운 지역에 있었던 인도네시아 아체에서는 지진 발생 15분 뒤 10층 높이 건물 정도의 해일이 들이닥쳐 대피할 방법도 없었다고 한다. 해일에 의해 대부분 휩쓸려 사망자가 제일 많이 나왔다.

(출처: 나무위키)

• 일본 노토반도 지진

2024년 1월 1일 규모 7.6의 강진이 발생해서 수백 명이 숨지거나 실종되었다. 더구나 항구가 단층 지대로, 서해가 섭입되는 현상이 일어나 4m 정도 융기되어 항구가 육지가 되었다. 또, 지반이 융기되어 건물들이 쓰러지거나 기울어졌고, 도로나 다리도 기울어져 '수평을 잃어버린 마을'이 되었다.

2024년 11월 26일 오후 10시 47분, 일본 이시카와현 노토반도 서쪽 바다에서 또 지진이 일어났다. 2024년 1월 1일에 발생했던 것보다 규모가 약한 6.4였다.

• 경주 지진

2016년 9월 12일 오후 7시 44분 32초, 경북 경주시 남서쪽 9km 지역에서 규모 5.1의 지진이 발생했다. 이어 50여 분 뒤인 오후 8시 32분 54초에 경주시 남남서쪽 8km 지역에서 1차 지진보다 더 강한 규모 5.8의 두 번째 지진이 발생했다. 한국국토정

보공사 공간정보연구원은 9월 12일 발생한 경주 지진으로 한반도 좌표가 최대 동쪽으로 1.4㎝, 남쪽으로 1㎝ 이동했다고 발표했다.

• 포항 지진

2017년 11월 15일 오후 2시 29분 경상북도 포항시 북구 북쪽 9km 지역에서 발생한 강도 5.4의 지진이다. 규모는 경주보다는 작았지만, 피해는 컸다.

이제 우리나라도 지진에 안전할 수가 없다. 지진이 자주 발생하지 않고, 일본과 다르게 큰 지진이 없다고 해서 한반도도 안전할 수 없다.

한반도에도 응력이 쌓이다 보면 스프링을 압축할수록 버티다 튕기는 반발력이 더 커지듯, 우리나라에도 큰 규모의 지진이 일어날 수 있다.

제6부

일본 열도 침몰,
그 후

• 일본 열도가 침몰되면 지구에 어떤 일이 일어날까?

　일본 열도가 침몰되는 과정이 단순하지만은 않을 것이다. 다른 나라에 영향을 주지 않고 조용히 침몰될까? 아마 일본 열도만 조용히 침몰되지는 않을 것이다. 지구가 대격변을 겪게 될 것이다.

　일본 열도가 모두 침몰되면 한반도는 일본처럼 태평양을 직접 접하게 된다. 우리도 일본처럼 항상 해일을 걱정하며 살아야 할지도 모른다. 일본 열도가 우리나라에 제방 역할을 해오고 있었다. 우리나라를 기준으로 볼 때 좌청룡 역할을 한 것이다. 일본이 완전히 침몰된다면 우리나라 동해안에서 마음 편하게 살기가 어려워진다.

풍수상 청룡인 일본이 없으면 태평양에서 몰려오는 해일이 무서워 동쪽에 높은 제방을 쌓아놓고도 경보 발생 시 대피할 준비를 하고 늘 걱정을 안고 살아야 할지도 모른다. 일본은 해안가에 높은 제방을 쌓아놓았으나, 2011년도 센다이 대지진 때 수만 명이나 해일로 희생되었다.

풍수상 일본은 청룡, 중국은 백호로, 태풍도 중국과 일본이 막아주는 역할을 하고 있다. 태풍은 뜨거운 바다에서 강해지고 육지를 지나면서 약해진다. 이처럼 태풍이 중국과 일본 내륙을 거치게 되면 태풍 세력은 약해진다. 그래서 우리나라가 일본이나 중국보다 태풍 피해가 적은 것이다.

그런데 일본 열도가 모두 침몰되면 한반도는 명당 터가 될 수 없다. 해일과 태풍을 직접 받게 되어 재난이 많이 발생하게 된다. 그러니까 일본 열도는 우리나라를 명당 터로 만들어주는 셈이다.

이렇게 일본 열도가 한반도에 도움이 되고 있으니, 침몰이 불가피하더라도 일정 정도는 남아있어, 우리 한반도에 도움이 되었으면 한다.

일본 침몰이라는 예언은 간단해 보이지만, 간단하지 않은 의미를 담고 있다. 여기에는 무서운 뜻이 숨겨져 있기 때문이다. 예를 들어 풍선을 생각해 보자. 공기를 넣은 풍선의 한쪽을 누르면 다른 한쪽이 튀어나온다. 이 풍선에 물을 채워보자. 물을 채운 풍선의 한 곳을 누르면 다른 곳이 더 쉽게 튀어나온다. 물은 비압축성이기 때문에 공기보다 더 빠르고 정확하게 눌러진 부피만큼 튀어나온다.

지구라면 어떻게 될까? 풍선은 탄성이 좋은 고무가 겉껍질로 공기를 둘러싸고 있다. 지구는 탄성이 없는 지각판이 맨틀을 둘러싸고 있다. 지각판은 고무풍선처럼 탄성이 없다. 따라서 일본 열도가 바닷속으로 침몰하면, 압력을 많이 받은 맨틀은 압력을 견디기 어려운 약한 곳으로 밀려 나오게 된다. 이렇게 지각판이 요동치게 되는 것이다.

요동치는 맨틀은 지각판에 평상시 응력보다는 큰 충격을 가하고 이 응력으로 지구의 지각판들도 크게 움직이게 된다. 이것이 폭발하면 화산이고, 섭입되거나 밀리고, 끊어지고, 솟구치면 지진이 된다.

탄허 스님은 일본의 침몰을 예언하며, 세계에서 가장 불행한

나라라고 했다. 일본 열도 대부분이 바닷속으로 가라앉는다고 예언하셨다.

앞으로 일본 열도의 3분의 2가 바닷속으로 침몰되어서, 수많은 일본 사람들이 죽을 것이며, 운 좋게 살아남은 생존자들은 국제 난민이 되어서 주로 한국으로 피난 와서 살게 된다고 했다.

이런 사태가 일어난 후, 한국이 일본에 대한 영향력과 지배력이 커지게 되고, 과거와는 반대로 일본은 한국에 복속되어서 한국의 종속 국가로 생존을 이어간다고 한다.

그러나 우리는 일본 열도가 침몰된다는 것을 남의 나라 일이라고 치부해서는 안 된다. 일본 열도가 침몰된다면 큰 화산이 폭발하고, 상상을 초월한 큰 지진이 일어난다고 봐야 한다.

일본이 침몰할 때 한반도는 괜찮을까?

한반도에서도 많은 사람이 죽거나 다칠 수 있으며 상상할 수 없는 피해가 발생할 수 있다. 육지가 침몰되는 일본보다는 피해가 작겠지만 어마어마한 피해가 있으리라는 것을 조금만 생각하면 알 수 있다.

제7부

지각변동,
한반도의 지형 변화

지구의 전반적인 지각변동이 일어날 정도의 큰 지진이 발생한다면 세계인류에 어떤 일이 일어날지, 또 얼마나 많은 사람들이 희생될지 상상조차 안 된다.

탄허 스님은 21세기에는 한반도의 지형이 크게 바뀐다는 예언을 했다. '서고동저(西高東低)', 한반도의 서쪽 부분은 융기하여 바닷속 지형이 육지로 솟고, 한반도 동쪽 지역은 침강 현상으로 육지가 바닷속으로 가라앉는다고 한 것이다. 한반도의 현재 지형은 동고서저(東高西低)이다. 이러한 한반도 지형이 서고동저(西

高東低)로 바뀐다고 한다.

태백산맥을 줄기로 높게 형성되어 있고, 서쪽은 평야 지대로 낮게 있던 지형이, 서쪽은 높게 동쪽은 낮게 바뀐다는 뜻이다. 우리나라 서해안 일대가 높은 곳이 되고, 동쪽 태백산맥은 낮은 지역이 된다는 것이다.

한반도 지형이 별안간 시소처럼 고저가 바뀌게 되는 것이다. 지금 우리는 위험한 시소 위에 살고 있는 셈이다. 그 위에서 집, 도로, 터널, 사무실, 학교, 회사 등…. 이렇게 우리가 살고 있는 지형이 동고서저에서 서고동저로 바뀐다면, 모든 게 기울어지게 된다. 수평을 이루고 있던 모든 구조물은 기울어질 것이다. 그뿐 아니라 식물들이나 나무도 기울어질 것이다.

· 일본 진언종 본각사 주지 기다노 케이호우(北野惠寶) 예언

이 스님의 예언은 더 무섭다. 외계인들이 들려준 예언으로 지구의 대격변기를 거친 뒤 일본인의 생존 수가 약 20만 명이 될 것이라고 한다.

그중 한반도와 관련한 내용으로 우리 한국이 명심해야 할 놀라운 예언을 했다.

일본의 우방인 한국은 지구상의 전체 나라 중 종주국이 될 것이며, 절대적인 핵심국가가 될 것이다. 그곳에서 성인, 군자가 부지기수 출세하여 사해만방을 이끌어 간다고 했다. 대한민국은 가장 영광스럽게 행운과 복락을 누리게 될 것이며, 세계에서 가장 많은 숫자인 약 425만 명이 구원받는 나라가 될 것이라 했다.

세계에서 가장 많이 구원받는다고 하는데, 고작 425만 명만 구원받는다고 하니 90% 이상이 소멸한다는 뜻이다. 100명 중 8명만 구원받는다고 하니 얼마나 무서운 일인가?

나는 이 예언된 숫자에 10배를 하고 싶어진다. 이렇게 10배를 하면 일본은 200만 명이 될 것이고, 우리는 4,250만 명이 된다. 인구가 4,000만 명은 넘어야 세계에 핵심국가가 되지 않겠는가. 그래도 우리 인구의 천만 명 이상은 소멸한다고 볼 수 있다. 이렇게 기다노 케이호우(北野惠宝) 예언은 다른 분들의 예언보다 훨씬 끔찍하다. 일본은 거의 전멸한다고 봐야 한다.

일본의 현재 인구는 1억 2,600만 명으로 그중에서 20만 명만 살아남는다고 하니 1,000명 중에 한두 명만 살아남는다는 뜻이다. 일본이 멸망한다는 예언이다. 200만 명이 살아남는다고 해도 100명 가운데 1~2명이 살아남는다는 계산이 된다.

우리 대한민국에 관한 탄허 스님과 기다노 스님의 예언은 그나마 일본보다는 긍정적이다. 세계의 핵심국가가 된다고도 했다. 우리나라 425만 명이 세계에서 가장 많이 구원받는 숫자라고 하니, 세계 다른 나라들은 도대체 어떻게 된다는 것인지 상상이 안 된다.

성경 내용과 탄허 스님 말씀, 기다노 예언은 모두 지진으로 지구의 위기가 온다는 공통점이 있다. 성경은 서양을 중심으로 많이 예언되었고, 탄허 스님과 기다노 스님은 동양을 중심으로 예언했다는 점만 다르다.

우리가 더 많이 살아남기 위해서는 지금부터 연구하고 준비해야 한다. 예언이라고 경시하지 말고 준비해야 한다. 국가가 나서야 하며, 우리도 국가만 믿지 말고 생존 준비를 시작해야 한다.

기다노 스님은 "지구는 이미 위기에 들어가 있다. 지구에 외계인 원반이 지속적으로 날아오는 것은 지구의 위기를 경고하기 위해서이다. 여러분이 살고 있는 지구는 중력 자기장이 교란하기 시작했다. 지구의 공전궤도도 변화의 시기를 맞이했다. 천체의 위치가 변하기 시작했지만 이에 대해 아무도 의문을 갖지 않는다. 전문가나 과학자들을 우리는 별로 신뢰하지 않는다. 그들은 지구가 멸망하는 일이 벌어져도 데이터 수집에나 열 올릴 사람들이다."

이와 같이 기다노 스님은 우리에게 경고하고 있다. 흘려듣기보다는 조금만 생각해보자.

또 "지구의 자전축이 점차 기울어져 그 첫째 변동으로 일본 열도의 외측 지진대가 확장하여 시코쿠(四国)와 큐슈(九州)를 지나 야마구치 현(山口県)에서 동해(일본 서해)까지 이르리라 본다. 서쪽이 높고 동쪽은 침몰할 것이다. 이러한 현상은 전 세계적으로도 일어나 해저였던 곳이 융기하여 세계의 지도가 크게 바뀌게 될 것이다. 『UFO와 우주』"

이 예언에서도 일본은 서쪽이 높고 동쪽은 침몰한다는 것이다. 이러한 현상은 전 세계적으로도 일어나 세계 지도가 크게 바뀐다고 하였다. 세계 지도가 크게 바뀐다는 내용은 일본뿐만 아니라 전 세계가 멸망한다는 예언이기도 하다.

제8부

성경에 나타난
예언

주역 시대에는 지구가 23.5도 기울어져 자전하고 있는데, 지구가 정역 팔괘처럼 건(乾)과 곤(坤)이 정북, 정남으로 바로 서야만 정역 시대로 바뀌는 것이다. 기울어진 지구의 축이 정역 팔괘에서 말하듯 바로 서려면 얼마나 큰 힘이 필요할지 상상해보자. 그 힘은 우리 인간으로서는 상상하기조차 어렵다.

지구의 무게 약 5,970,000,000,000,000,000,000,000kg(5자 9,700해kg), 약 5,970,000,000,000,000,000,000톤(59.7해 톤)이다. 무게 20톤의 고인돌도 움직이기 어려운데, 크고 무거운 지

구를 움직여 바로 세우려면 엄청난 크기의 힘이 작용해야 지구를 바로 세울 수 있다.

　지축이 조금씩 이동하고 있다는 글을 본 적이 있다. 원인은 지하수를 많이 사용해서 그렇다는 설도 있고, 싼샤댐에 물을 많이 담수해서라는 설도 있다. 그러나 그런 힘으로 지축을 바로 세우기는 어려울 것 같다. 나는 이 움직임은 맨틀의 대류 현상으로 일어난다고 본다.

　무거운 지구를 23.5도만큼 회전시키려면 매우 큰 힘이 필요하다. 그 힘은 엄청난 지각변동에 의해 일어난다는 뜻으로 해석한다. 그러나 지구를 움직일 수 있는 엄청난 지진이 일어난다면 큰일이다. 매우 두려운 일이다. 하지만 기다노 스님도 예언했고, 탄허 스님은 물론이고, 성경에도 예언되어 있다.

　탄허 스님이 예언하신 내용을 성경 말씀과 비교해본다. 나의 좁은 생각으로 보니, 성경의 요한계시록 말씀과 비슷하다는 생각이 들어 설명을 덧붙여 본다.

　요한계시록 6장 12절에 "내가 보니 여섯째 인을 떼실 때 큰 지진이 나며, 해가 검은 털로 짠 상복같이 검어지고 달은 온통 피같이 되며."라는 구절이 있다.

이 말씀 중 앞에 "해가 검은 털로 짠 상복같이 검어지고"의 의미를 추론해보자.

우리 눈으로는 태양을 직접 볼 수가 없다. 일출이나 일몰 시에는 태양이 그렇게 밝지 않아서 직접 볼 수 있으나, 태양이 조금만 밝아지면 직접 볼 수 없다. 태양은 우리에게 빛과 열을 공급해주는 꼭 필요한 존재이다. 하지만 맨눈으로 직접 쳐다보는 것은, 너무 밝아 눈에 치명상을 줄 수 있다. 실명이 될 수도 있다.

밝은 태양을 직접 보려면 특수 필터나 특수 안경을 착용해야 한다. 아니면 아주 불투명한 비닐을 통해서 태양을 볼 수 있다. 그런데 해가 검은 털로 짠 상복처럼 검어진다는 성경 구절은 지구의 대기가 오염되었다는 뜻이 아닐까?

그럼 지구는 왜 오염되었을까? 지구에 엄청난 일이 일어난다고 예언하는 것은 아닐까. 이 예언은 지구에서 일어나는 지진과 화산, 그리고 수많은 화재로 인해 하늘이 검은 연기로 덮여, 검은 해를 볼 수 있다는 뜻으로 유추해 볼 수 있다. 밝은 태양이 아니라, 매연으로 덮여 검은 옷으로 덮인 태양 같다는 뜻으로 풀이된다.

달은 지구 대기가 오염되어도 대기층을 벗어나면 변함없이 하얗게 빛날 것이다. 그러나 오염된 지구에서 바라보면 태양과 같이 검게 보일 것이다. 성경에서 달은 온통 피같이 된다고 하였다. 달은 세계 어디에서나 볼 수 있는 모두의 것이므로, 세계 어느 곳에서나 사람들이 많이 죽게 된다는 뜻이 아닐까?

지진 해일 등으로 인한 피해와 호흡기 전염병 등으로 많은 사람이 희생된다는 뜻이 아니겠는가. 오염된 대기로 인해 호흡기 질환자가 급증하게 될 것이다. 또 전염병으로도 많은 사람들이 희생될 것이다. 다시 말해 지진으로 인해 수많은 사람이 희생된다는 뜻을 예언하고 있는 것 같다.

· 요한계시록 6장 13절에는

"하늘의 별들이 무화과나무가 대풍에 흔들려 설익은 열매가 떨어지는 것 같이 땅에 떨어지며."라는 구절이 있다.

화산과 지진이 일어나니 화산재가 바람에 날리고, 화재로 인한 매연으로 지구를 덮게 되니 지구는 일사량 부족으로 저온 현상이 올 수 있다. 한여름에도 매연이 섞인 검은 눈이 내리고, 우박이 쏟아질 것이다. 한겨울이 아니더라도 눈이 내릴 수밖에 없다. 그러니 흉년이 온다는 뜻이 아니겠는가. 모든 열매가 일시에 떨어지고, 수많은 작물이 냉해로 죽어버린다는 뜻으로 풀이할 수 있다.

이러한 저온 현상과 매연이 없어지고, 지구가 충분한 일사량을 받아 정상적인 기후가 되려면 적어도 1~2년 이상의 시간이 필요할 것 같다. 그렇다면 3~4년 정도는 식량이 부족할 것이다.

• 요한계시록 6장 14절에는

"하늘은 두루마리가 말리는 것 같이 떠나가고, 각 산과 섬이 제 자리에서 옮겨지매."라는 구절이 있는데, 매연 때문에 하늘은 어두움으로 덮이고, 맑은 하늘을 볼 수 없다는 뜻으로 풀이된다. 산과 섬이 옮겨진다는 뜻은 만물이 없어지고 새로 생긴다는 뜻으로, 많은 나라의 영토가 사라지고 새로운 영토가 생겨난다는 뜻이 된다. 그러니 그 과정에서 얼마나 많은 사람이 희생될지 상상하기 어렵다.

"파멸 시기에 우리나라는 가장 적은 피해를 입을 것이다. 그 이유는 한반도가 지구의 주축 부분에 위치하기 때문이다."라고 하였다.

이 예언은 일본을 비롯하여 세계 여러 나라가 영토를 잃어버리는데, 우리 한반도는 상대적으로 영토 피해가 작다는 뜻이다. 더군다나 서해안이 융기되어 영토가 늘어난다고 하니, 우리나라의 영토는 현재보다 늘어난다고 할 수 있다.

영토가 없어지고 넓어지는 정도의 지진이라면, 인간이 지진의 규모를 상상할 수 있겠는가. 진도 9나 진도 10 정도의 규모가 아닐 것이다.

산이 사라지고, 섬이 생기는 지진이 일어난다면, 그 피해는 매우 클 것이다.

성경 요한계시록 6장과 8장의 말씀에 대한 내 해석이 틀리기를 바란다. 김일부 선생님, 탄허 스님 예언에 대한 내 해석도 틀리기를 바란다. 예언가들의 말세론이 모두 틀리기를 바란다. 정말 두렵고 무서운 예언이 아닐 수 없다.

우리는 인간으로서 미약하지만, 조금이라도 더 많은 생명을 보존하기 위해 대비해야 한다. 김일부 선생님과 탄허 스님, 학산 이정호 선생님, 문광 스님 등 훌륭한 분들을 이 땅에 보내주신 것은 하느님이 우리 민족을 보호하시기 위해서가 아닐까? 만에 하나의 확률이라도 대비를 해야 한다.

요한계시록 8장 7절에는 "땅의 삼분의 일이 타 버리고, 수목의 삼분의 일도 타 버리고 각종 푸른 풀도 타 버렸더라."라고 했다.

지구의 모든 것의 3분의 1이 사라진다는 말씀이 아니겠는가? 육지가 지진과 화산에 의해 파손되고 불타 사라진다고 해석할 수도 있겠지만, 육지가 바닷속으로 침몰된다고 해석할 수도 있다.

8절에는 "천사가 나팔을 부니 불붙은 큰 산과 같은 것이 바다에 던져지매 바다의 삼분의 일이 피가 되고."라는 구절이 있다.

'지진으로 부서지고, 불타버린 육지가 침몰된다'는 말씀과 바다에 육지가 생긴다는 뜻으로 해석될 수 있다. 그리고 3분의 1이 생명을 잃어버린다는 말씀이 아니겠는가?

10절과 11절 말씀을 보면 "셋째 천사가 나팔을 부니 횃불같이 타는 큰 별이 하늘에서 떨어져 강들의 삼분의 일과 여러 물 샘에 떨어지니."라고 했으며, "이 별 이름은 쓴 쑥이라 물의 삼분의 일이 쓴 쑥이 되매 그 물이 쓴 물이 됨으로 많은 사람이 죽더라."라고 했다.

오염된 물을 인간이 사용함으로 3분의 1이 죽는다는 뜻으로 해석될 수 있다. 지진으로 인해 직접적 피해를 입고 죽게 되는 사람이 3분의 1이 고, 2차적인 피해, 물이나 대기 오염으로 인한 전염병으로 3분의 1이 죽는다는 예언일 수 있다.

요한계시록 8장에서만 살펴봐도 3분의 2에 해당하는 생명이 죽는다는 뜻이 된다. 그러니 이게 말세가 아니겠는가.

• 성경 요한계시록 13장 말씀에는,

16. "그가 모든 자 곧 작은 자나 큰 자나 부자나 가난한 자나 자유인이나 종들에게 그 오른손이나 이마에 표를 받게 하고."

17. "누구든지 이 표를 가진 자 외에는 매매를 못 하게 하니, 이 표는 곧 짐승의 이름이나 그 이름의 수라."

18. "지혜가 여기 있으니 총명한 자는 그 짐승의 수를 세어 보라. 그것은 사람의 수니 그의 수는 육백육십육이니라."라고 했다.

요한계시록 14장 9절, 10절, 11절에서도 찾아볼 수 있다.

9. "또 다른 천사 곧 셋째가 그 뒤를 따라 큰 음성으로 이르되, 만일 누구든지 짐승과 그의 우상에게 경배하고 이마나 손에 표를 받으면."

10. "그도 하나님의 진노의 포도주를 마시리니 그 진노의 잔에 섞인 것 없이 부은 포도주라 거룩한 천사들 앞과 어린 양 앞에서 불과 유황으로 고난을 받으리니."

11. "그 고난의 연기가 세세토록 올라가리로다. 짐승과 그의 우상에게 경배하고, 그의 이름표를 받는 자는 누구든지 밤낮 쉼을 얻지 못하리라 하더라."

성경 요한계시록 13장과 14장의 각 구절에서는 고난에 관해 이야기한다. 이 말씀은 구원받지 못하고, 죽게 된다는 뜻이 아니겠는가? 또 성경 요한계시록 13장 18절에서 말하는 짐승 수, 육백육십육을 목사님들은 어떻게 해석하는지 나는 잘 모른다. 상징적인 수일까?

나는 666 숫자 분모에 1000이라는 숫자가 생략된 것이 아닐까 싶다. 666/1000=2/3로 조심스럽게 해석해 본다. 혹시 지구의 인구가 3분의 2가 소멸한다는 뜻이 아닐까? 탄허 스님도 인류의 60~70%가 소멸한다고 예언하셨는데, 같은 표현은 아닐까? 탄허 스님의 말씀과 성경 말씀을 같은 뜻으로 풀이를 해본다.

요한계시록 14장 3절에는 "그들이 보좌 앞과 네 생물과 장로들 앞에서 새 노래를 부르니 땅에서 속량함을 받은 십사만사천밖에는 능히 이 노래를 배울 자가 없더라."

이 말씀에서 속량함을 받은 자가 144,000이라고 했다. 666에 반해 속량 받은 자, 144,000은 상징적인 표현일까? 666과는 달리 해석하고 싶다. 곱하기 천 배를 하고 싶다. 정확하게 144,000을 사용한 것은 앞에 숫자는 144는 정확한 숫자를 나타낸다고 볼 수 있지 않을까. 따라서 천 배를 해서 144,000×1,000=144,000,000명만 살 수 있다는 뜻일까? 아니면, 만 배를 해서 144,000×10,000=1,440,000,000명만 산다는 뜻일까?

현재 지구 인구 80억 명, 그중 14억4천만 명만 살아남을 수 있다면 18%이다. 소멸하는 인구가 3분의 2인 66.6%가 아니라 더 많은 82%가 소멸한다는 뜻이 아닐까? 그래도 1억4천4백만 명보다는 10배가 많은 14억 4천만 명이라도 살아남았으면 좋겠다. 지구가 정역 시대로 바뀌게 된다면, 지금부터 잘 준비해서 많은 분이 살아남아 인류의 멸망을 막아야겠다.

세계인구의 3분의 2가 소멸한다면, 단지 동양에만 국한되는 사항은 아닐 것 같다. 전 세계가 일본처럼 될 수 있다는 뜻이 된다. 세계의 대륙도 침몰하고, 바다 깊은 곳이 솟구치는 현상이 일어날 수도 있다. 생각을 해보라. 세계인구의 3분의 2가 사라진다는 예언은 자연도 3분의 2가 사라지고 다시 생긴다는 뜻으로 볼 수 있다. 매우 두렵다.

물론 전혀 다른 뜻일 수도 있겠다. 다르게 해석되었음은 좋겠다. 하지만 많은 인구가 소멸한다는 예언이 맞는 것 같은 생각이 자꾸만 드는 것은 왜일까?

나는 예언가도 아니고, 학식이 높은 박사도 아니다. 아주 평범한 무명인으로 이런 글을 쓴다는 게, 매우 두렵다. 전혀 아닐 것이다.

나는 문학인도 아니다. 글을 예쁘고 아름답게 작성할 줄도 모른다. 글도 두서가 없다. 글을 쓰는 요령을 공부해서 잘 쓰려고 한다면, 대변혁기가 올 때까지도 쓰지 못할 것이다. 핵심만 전달하고자 한다.

제9부

지진 대비
생존전략

세계 여러 나라에서 발생한 지진 피해를 보더라도 많은 건물이 무너지고, 도로가 파손되고, 수도와 전기, 가스가 끊어진다. 이러한 피해로 수많은 사람이 다치고 죽는다.

그런데 한반도의 서해안이 융기하여 육지로 솟아오르게 되어 육지로 바뀌게 된다고 한다.

과연 이러한 큰 지진이 정말로 일어날까?

나 역시 의심스럽다. 그러나 성경 요한계시록 6장 14절 말씀 중 "각 산과 섬이 제 자리에서 옮겨지매."라고 하며, 이러한 내용을 예언하고 있고, 다른 많은 분도 예언하고 있다.

이러한 예언을 무시하고, 성경도 헛소리고, 예언가들의 예언도 헛소리라고 취급하는 게 옳을까? 아니다. 인간은 자연 앞에서 아니 지진 앞에서는 미약한 존재이지만, 조금이라도 지진 대비를 하며 사는 게 생명을 보존하는 방법이 될 수 있다.

또 탄허 스님의 설명에 의하면, 한반도의 동쪽 지역 100리가 바닷속으로 가라앉지만, 서쪽 지역 200리 해저가 솟아올라서 육지로 변하기 때문에, 한반도의 영토는 지금보다 훨씬 더 넓어진다고 했다. 즉, 한반도 서해의 많은 지역이 솟아올라 한반도 영토로 편입되기 때문에, 우리 영토는 크게 확장되는 것이다.

23.5도로 기울어져 있는 지구를 바로 세워야 김일부 선생님이 말씀하신 주역 시대에서 정역 시대로 바뀔 수 있다. 1984년 갑자년(甲子年)부터 변화하기 시작하여 2044년 갑자년(甲子年)까지 완성되어 비로소 정역 시대가 되는 것이다.

지구의 무게 약 5,970,000,000,000,000,000,000톤(59.7해톤), 이 엄청난 무게의 지구가 바로 서려면 지구의 지각변동도 매우 클 것이다. 엄청난 지각변동에 의해 앞에서 설명한 내용과 같이 일본은 침몰 되고, 세계에서 가장 피해가 작을 것이라는 한반도 동해안은 침몰 되고 서해안은 200리가 융기되어 육지가 넓어진다고 한다.

일본의 기다노 스님은 한국은 425만 명만 살아남는다고 하니, 비극이 아닐 수 없다. 425만 명? 아니다. 더 많은 국민이 살아남아야 한다. 세계 인구가 거의 소멸하더라도 3~4천만 명은 있어야 강대국 소리를 듣지 않겠는가. 4천만 명이 살아남는다 해도 천만 명 이상의 인구가 소멸한다는 뜻이다. 실로 무서운 일이다.

많은 사람이 살아남기 위해서는 미리 대비해 생존을 위한 실천 전략을 준비해야겠다.

· **지진이 발생하면 어떻게 해야 할까?**

우리나라에 지진이 발생하기 전에 모두 대피해야 한다. 가까운 일본에서 심각한 지진이 발생하면 우리는 미리 밖으로 대피해야 한다. 일본뿐 아니라 중국에서 심각한 지진이 발생해도 즉각 대피해야 한다. 지구 반대편에서라도 심각한 지진이 발생했다면 주의 깊게 관찰하고 대피할 준비를 해야 한다.

지구 속은 맨틀로 구성되어 있기 때문에 어느 한 곳이 응력이 커져 지진이 발생하면 맨틀을 통해 응력은 다른 곳으로 전달되게 된다. 이러한 응력은 지구 어느 곳이라도 전달되어 약한 지각판이 움직이게 된다.

지구에 큰 지진이 발생하면 응력이 전달되는 시간 차이는 있겠지만, 여기저기에서 지진이 일어날 수 있다. 지진을 일으킨 큰 응력이 낮아지면 안정되겠지만, 응력이 떨어지지 않으면 지진은 일어난다. 호수에 돌을 던지면 돌이 떨어진 곳을 중심으로 물결 파장이 퍼져 나간다. 맨틀도 응력이 지구 전체로 퍼져 나가게 된다. 이렇게 지구는 한 몸인 것이다.

다시 강조하지만, 우리에게 닥쳐올 수 있는 지진은 지금까지 역사적으로 겪어온 수준의 지진이 아니다. 절대로 간과해서는 안 된다. 우리가 당면하게 될 지진의 규모는 기울어진 지구를 바로 세우는 지진인 것이다.

대개 지진이 발생하면 건물 밖에 있는 사람보다는, 건물 안에 있는 사람들이 다치거나 죽기 쉽다.

집 안에 있게 되면 고정되지 않은 집기나 물건들이 쏟아지게 된다. 이렇듯 쏟아지는 물건들에 의해 다칠 수도 있고 사망할 수도 있다. 우리나라에 강진이 없었다고 해서 등한시하지 말고, 낙하될 수 있는 물건들은 고정하거나 치워서 대비해야 한다.

또 지진이 발생하면 가스 배관의 파손이나 비틀림으로 가스 누출이 일어날 수 있다. 사용 중인 가스 밸브는 즉시 잠그고 탈출해야 한다. 아파트는 많은 가구가 있으므로 화재가 발생할 수 있다. 소방관들을 기다리지 말고 즉시 대피해야 한다.

출입문이 비틀려 문이 안 열릴 수도 있다. 문을 수동으로 여는 방법도 익혀두고, 문이 안 열릴 때 어떻게 탈출해야 할지 미리 생각해 두고 완강기, 로프 등을 준비해야 한다.

아파트에서 한 가구만 화재가 발생해도 매연으로 인해 큰 피해가 발생한다. 현대 건물은 화재 발생 시 유독성 매연이 발생하므로 신속히 건물 밖으로 대피해야 한다. 지진 초기에는 화재가 발생해도 다른 집이나 다른 층에서는 화재 경보 발생 전달이 늦을 수 있다. 그리고 강력한 지진에서는 많은 가구에서 동시에 화재가 발생할 수 있으므로, 무조건 탈출해야 한다. 1초라도 빨리 탈출해야 매연으로 인한 질식사를 면할 수 있다.

엘리베이터는 타지 말고 계단으로 탈출해야 한다. 실내 계단과

옥외 계단이 있다면 옥외 계단을 이용하는 것이 안전할 수 있다.

• 고층 건물을 피해라.

한반도는 동고서저(東高西低) 지형으로 되어있는데, 이러한 지형이 서고동저(西高東低)로 바뀐다고 한다. 엄청난 지각변동을 예고한다.

고층 아파트에서 사시는 분들이 생활 터전을 버리고 쉽게 떠날 수 있겠는가. 떠나기 쉽지 않을 것이다. 고층 주택은 저층 주택에 사는 분들보다 위급 시 탈출이 쉽지 않다. 화재에도 매우 위험하다. 아파트 한 동에서 한 가구만 불이 나도 매연 때문에 탈출이 쉽지 않다. 그런데 여러 곳에 불이 나고, 아파트는 기울고, 문은 안 열리고… 지옥이 따로 없을 것이다. 고층 건물은 탈출하기도 쉽지 않다.

우리나라에 지진이 자주 발생하지 않는다고, 또 지진 강도가 일본에 비해 약하다고 경시해서는 안 된다. 한반도 지형이 서고동저(西高東低)로 바뀐다고 한다. 절대로 경시해서는 안 된다.

서고동저(西高東低)로 바뀌는 순간 건물들은 앞이나 뒤로, 아니 좌우로 기울어질 것이다. 기울기만 하면 다행일 것이다.

고층 건물들은 파괴될 것이다. 파괴만 될까? 건물은 기울기 시작하면 쉽게 쓰러진다. 내진 설계로 건축된 건물이라고 해서 안전할까. 주역 시대에서 정역 시대로 바뀐다는 뜻은 엄청난 무게의 지구가 바로 세워진다는 뜻이다. 다시 말해 지구의 지각이 움직여 육지는 침몰되고 바닷속은 솟아올라 육지가 되는 변동이 있어야 정역 시대가 온다. 그 정도의 지각변동이 오니 인간이 생각하는 내진 설계로는 감당이 안 된다.

우리는 견디고 살아남아야 한다. 부처님이 계시면 부처님한테, 하느님이 계시면 신한테 도움을 바라야 한다.

명심보감 천명편(天命篇)에 자왈순천자존(子曰順天者存) 역천자망(逆天者亡)이라는 글이 있다. 풀이해 보면 공자가 말하기를 "천명을 순종하는 자는 살고, 천명을 거역하는 자는 망한다."라는 뜻이다, 즉 선과 정의를 행하는 것을 천명에 순종하는 것으로 해석하고, 악과 불의를 행하는 것을 천명을 거역하는 것으로 풀이한 것이다. 우리 모두 남을 배려하고 도우며 바르게 사는 게 천명임을 잊지 말아야 한다.

서고동저(西高東低)로 바뀌면 동해안은 어떻게 될까? 무척 궁금하다. 저지대 동해안은 침몰된다는 뜻이다. 시소를 상상해보라. 다행스럽게도 예언하신 분들이 한반도가 지구의 축이라고 한다. 계룡산이 지축의 중심이라고도 한다. 시소로 보면 시소의 중심부에 한반도가 위치해 있다는 뜻이다. 한반도가 시소처럼 서쪽이 융기되면 동쪽인 동해안은 밑으로 내려간다는 뜻이다.

　또 계룡산이 중심이라면 남해안도 안전할 수 없다. 특히 계룡산을 중심으로 동해안과 남해안이 가라앉는다고 상상하면 부산과 경남지역 피해가 한반도에서 가장 클 것 같다. 동해안과 남해안을 떠나야 한다. 한반도에서 부산 경남지역은 가장 위험할 것이다.

　세계 여러 곳에서 심각한 지진이 발생하거나 이상한 징후가 보이면, 고층 건물을 떠나야 하듯 신속히 동해안과 남해안을 벗어나 내륙 고지대로 대피해야 한다. 건물 안이나 저지대에 있으면 안 된다. 지진 후 해일로 더 많은 생명을 잃게 됨을 명심해야 할 것이다. 일본 열도가 침몰된다면 얼마나 큰 해일이 발생할지 상상조차 안 된다.

• 전기는 있을까?

발전소에서 생산한 전력을 송전 선로를 통해 전국으로 보낸 후, 변전소에서 알맞은 전압으로 바꿔 각 가정에 공급한다. 이때 어느 과정 하나에서라도 문제가 생기면 전기는 공급되지 않는다. 모든 과정이 정상적이어야 전기가 공급될 수 있다. 현재 우리가 사는 사회에는 전기가 없다면 할 수 있는 일이 별로 없다.

엄청난 지각변동이 일어난다면 발전과 관련된 설비들도 파괴될 것이다. 그런 일이 벌어지면 정상적인 시설이라도 다시 복구하기 위해서는 오랜 시간이 필요할 것이다. 도로도 끊어지고 유류도 없고 공장도 정지되고, 모든 것이 멈춰 선 상태에서 몇 년이 걸릴지 상상조차 어렵다.

전기를 어떻게 하면 빨리 생산할 수 있을까 고심한 끝에 내가 생각해 낸 방법은 잠수함에 들어가는 소형 모듈 원자로를 만들어서 비상 발전기로 사용하면 좋겠다는 생각이 들었다. 원자력 잠수함에서 쓸 수 있도록 만들면 큰 지진에도 안전하게 사용할 수 있다.

소형으로 일체형으로 만들면 쉽게 옮겨 사용할 수 있다. 필요한 곳에 옮겨서 사용하면 송전 거리도 짧아져 효율적이다. 이렇게 비상 발전을 할 수 있다면 대용량 발전소 복구도 짧은 기간 내에 할 수 있고, 생존에 필수적인 정수시설을 복구하는 등 모든 시설이 우선순위에 따라 긴급하게 복구가 이뤄질 수 있다.

· **생존에 필수인 물은 있는가?**

도시에서는 제일 먼저 물 때문에 살 수가 없다. 물을 어디서 구할 수 있을까. 어디에도 먹을 수 있는 물은 없다. 강물도 어떻게 될지 알 수 없다. 강물이 있다면 그 물은 오염되어 마실 수 없을 것이다. 그 물을 인간이 사용할 경우 수인성 전염병이 발생할 수 있기 때문에 그대로 사용하기엔 매우 위험하다. 전염병으로 많은 생명을 잃을 수 있다. 우한 코로나 전염병으로 수년 전에 많은 생명을 잃은 것을 직접 보지 않았는가.

성경 요한계시록 8장 11절에 "이 별 이름은 쓴 쑥이라 물의 삼분의 일이 쓴 쑥이 되매 그 물이 쓴 물이 됨으로 많은 사람이 죽더라"고 했는데, 수인성 전염병에 감염되지 않도록 조심하고 예방해야 한다. 절대로 오염된 물로 조리하거나 마시면 안 된다. 집단으로 전염되어 사망할 수 있다. 마실 수 있는 맑은 물은 없고 오염된 물을 구할 수 있다면, 정수 처리를 해서 사용해야 한다.

• 물은 꼭 끓여서 사용한다.

우선 오염된 물을 물통에 담아 비중이 큰 오물들은 가라앉히고, 위에 뜬 오물은 떠내 버린다. 물통 안에 남은 물 가운데 상급수를 떠내 솥에 넣고 끓여 사용한다. 그러나 끓이는 방법으로는 동시에 많은 물을 만들기는 어렵다.

목욕하고 일상생활에 필요한 물을 만들기 위해서는 다음과 같이 처리하면 정수된 물을 얻을 수 있다.

• 간이 정수기를 만들어보자.

20리터 물통 하부에 물이 빠질 구멍을 뚫는다. 깨끗하게 씻은 자갈을 바닥에 얇게 깔아, 천이 바닥에 붙지 않도록 해서 물 빠짐을 좋게 한다.

통 바닥에 물은 빠지고 모래는 빠지지 않을 수 있는 천을 자갈 위에 깔아 놓는다. 손으로 짜야 물이 나오는 너무 고운 천은 안 된다. 천에 물을 뿌리면 줄줄 빠지는 거친 천(행주 등)을 사용해야 한다. 물통에 담긴 수두의 중력으로 물이 빠질 수 있어야 하기 때문이다.

건축 현장에서 볼 수 있는 모래를, 주방에 있는 체에 담아서 흔들어 미세 모래를 거른다. 체로 거른 후에 남은 굵은 모래를 그릇에 담아 물로 씻어 모래를 깨끗하게 한다. 깨끗한 모래를 통 안에 넣는다. 모래를 80% 이상 채운다. 모래 높이를 60㎝ 정도는 채워야 하지만 통의 크기를 고려해서 사용한다. 높이가 높은 통을 사용하면 더욱 좋다.

이것이 모래 여과기이다. 이 여과기에 물을 넣으면 중력으로 물은 모래층을 통과해 밑으로 빠지게 된다. 모래층을 통과할 때, 주로 용해되지 않은 고체 입자가 모래층에 제거되며, 맑은 물을 얻을 수 있다. 오래 사용해서 물 빠짐이 좋지 않을 경우, 모래를 쏟아 세척한 후 다시 사용한다.

여과수는 그냥 사용해서는 안 된다. 이 여과수에는 물에 용해되어 있는 불순물과 세균이 많이 들어 있어 그냥 사용하면 위험하다. 이 물을 소독처리 없이 사용하면 큰 위험이 될 수 있다. 집단적인 피해가 일어날 수 있으므로 명심해야 한다.

· 소독처리

소독처리는 시중에서 구하기 쉽고 많이 사용하는 차아염소산나트륨(NaClO)으로 가능하다. 시장에서 쉽게 구할 수 있는 락스(차아염소산나트륨)를 물에 뿌려 소독해서 사용한다.

락스를 물에 뿌려 30분 정도 두었다 냄새와 맛을 본다. 수돗물의 소독약 냄새와 맛을 느꼈듯이 이 물에서도 소독약 냄새와 맛을 느낄 수 있어야 한다. 소독약 냄새와 맛을 느낄 수 없다면 락스를 더 뿌려 사용한다.

이렇게 처리해야 여과수에 충분한 소독이 이루어지고, 잔류염소도 있어서 물을 며칠 보관해도 오염되는 것을 막을 수 있다. 마시는 물은 물론이고, 씻고 닦는 모든 물을 이 물을 사용해야 전염병을 막을 수 있다. 이러한 여과 방식을 통하면, 사용 가능한 많은 물을 손쉽게 얻을 수 있다.

만약, 여과시킬 수 있는 물이 없다면 앞에 열거한 방법으로는 사용할 수 있는 물을 만들 수 없다. 바닷물밖에 없다면 어떻게 마실 수 있는 물로 활용할 수 있을까? 바닷물은 염분이 녹아 있어 자연 상태로 마실 수 없다. 여과기를 통과시켜도 염분은 제거할 수 없다. 바닷물에서 염분을 제거하는 방법은 역삼투압 (RO) 방법을 주로 많이 사용한다. 그러나 이 방법은 전기가 있고, 역삼투압 시설이 있어야만 담수화가 가능하다.

그래서 증류 방법을 설명해본다.

증류수는 가장 안전한 물일 수도 있다. 그러나 오래 사용해서는 안 된다. 증류된 물에 물고기가 살 수 없듯 비상시에만 잠깐 사용하도록 한다.

물 주전자를 사용해서 증류수를 만들어보자. 우리가 물을 넣고 끓이면, 주전자 뚜껑의 작은 구멍으로 수증기가 발생하여 나오게 된다. 먼저 주전자 상부를 덮을 수 있는 비닐에 작은 구멍을 뚫고 구멍에 비닐 호스를 넣고 수증기가 새지 않도록 묶어준다.

주전자에 물을 넣고 뚜껑 대신 비닐을 묶어 수증기가 빠지지 않도록 한다. 이렇게 하면 수증기는 호스를 통해 배출된다. 이 호스의 끝은 비닐 봉투 밑에 구멍을 뚫고 통과시켜 묶는다. 비닐 봉투에 찬 바닷물을 채워 둔다.

이렇게 만든 상태에서 물을 끓이면 호스를 통해 수증기가 배출되게 된다. 수증기가 호스를 통해 배출되면서 찬 바닷물 내부를 통과한 호스에서 수증기가 응축되어 증류수를 얻을 수 있다. 주전자 주둥이도 비닐로 잘 막아 수증기가 새지 않도록 묶어둔다.

· 호흡기 질환은 괜찮은가?

지진이나 화산 그리고 매연으로 인한 공기 오염 때문에 전염성 질환이 일어날 수 있다. 지진으로 인한 화재가 여기저기에서 발생하고, 산불이 발생하여 공기를 오염시키고, 화산 폭발로 인한 화산재가 비산되어 공기를 오염시켜 호흡기 전염병이 크게 번성할 수 있다.

항상 마스크를 착용하고 생활해야 하며, 호흡기 질환 감염자는 사람과 접촉을 피해야 한다. 지진으로 인한 직접적인 피해보다도 간접적으로 더 많은 분이 유명을 달리할 수 있음을 유념해야 한다.

· 지구의 대기 오염

지구는 지진과 화산 폭발, 화재 발생으로 인한 대기 오염이 매우 심각할 것이다. 이로 인해 지구 일사량 부족으로 작물들은 시들거나 죽게 되고 무수한 동물들도 죽을 것이다. 지구의 평균기온은 낮아질 것이다. 또, 매연과 화산재로 오염된 비가 내린다.

호수나 강물은 심각하게 오염될 것이다. 작물 작황도 나빠져서 2~3년은 흉년이 들 것이다. 인류는 기근에 시달리게 될 것이다. 따라서 미리 많은 식량을 비축해야 할 것이다. 동물들도 사료가 고갈되고 물이 없어 매우 힘들게 될 것이다.

제10부

정역 시대,
상생의 시대로

• 중국 멸망

탄허 스님은 중국은 장차 여러 민족 간의 갈등이 격화되어서, 중국 영토가 여러 개의 나라로 쪼개진다고 예언하셨다.

중국은 56개의 소수 민족으로 이루어진 나라이기 때문에, 태생적으로 분열될 수밖에 없는 운명을 타고났다고 했다. 많은 다른 민족을 무력으로 점령하여 지금의 중국이 되었기 때문에 분열될 수밖에 없다. 중국은 결국 여러 민족, 여러 종족 간의 갈등과 분열이 가속화되어 여러 개의 나라로 분리, 독립하게 된다고 한다.

이렇게 중국이 분열됨으로써, 중국의 힘이 약화 되고 혼란한 사이에, 통일로 국력이 커진 우리나라가 만주 지역과 요동 지역에 진출하면서 만주와 요동 일부가 우리나라에 편입된다고 한다.

현재 강한 중국이 여러 개 나라로 쪼개지고, 요동과 만주가 우리나라에 편입된다는 것은 상상할 수도 없다. 우리가 전쟁으로 옛 영토를 찾아올 수 있겠는가. 불가능하다. 전쟁만으로는 어렵다. 그러나 한반도 동해안이 잠기고, 서해안이 융기될 때, 중국 동부 낮은 지역이 침몰하게 되면 어렵지 않게 이뤄지리라 본다.

이 지역 피해로 중국의 많은 영토가 줄어들게 된다. 동부 낮은 지역에 중국의 많은 인구가 밀집되어 있어, 많은 인구가 소멸될 것이다. 이러한 지각변동으로 인해 중국은 멸망하게 된다. 이때 고도가 높은 지역에 사는 소수 민족들은 인구 감소가 많지 않아 독립하게 된다.

이때 만주 지역은 화산재나 매연으로 인한 평균 기온이 더 떨어지게 되고, 위도가 높아 흉년 정도가 아니라, 기아에 몰려 위기를 맞게 된다. 이 시기에 고구려 영토 요동과 만주 지역 주민들은 통일 한국과 국경을 맞대고 있어 우리나라에 도움을 요청할 수밖에 없어 자연스럽게 우리나라에 편입하게 된다. 중국이 멸망하면서 세계에서 공산국가는 사라지게 된다. 물론 우리나라에서도 친중 세력은 사라질 것이다.

이렇게 주역에서 정역으로 바뀌는 변환기에 와 있다는 것이다. 지구는 현재 소녀의 시기로, 소녀에서 성숙한 숙녀로 변모해가는 과정에 있다고 한다. 이렇게 지구가 완숙한 숙녀로 변모해가는 과정에서 필연적으로 대규모 변혁을 겪게 된다고 한다.

지구에 대규모 지각변동이 일어나는 것은, 지구가 더욱 성숙해지기 위해서 겪게 되는 필연적인 현상이라고 한다. 주역 시대에서는 갈등과 모순으로 얽힌 세상이었지만, 정역 시대에는 상생의 세상으로 바뀌게 된다.

지구는 엄청난 지각변동을 거치면서 지축이 바로 서서 자전을 하게 된다. 지금 우리가 사는 현재 시기가 주역에서 정역으로 바뀌는 시기로 매우 어려운 때이다. 지축이 바로 서는 때는 몇 년이 걸리는 긴 시간에 이뤄지는 것이 아니라, 단 며칠 만에 대지각변동이 일어나면서 바뀌게 된다.

현재 지구의 4분의 3이 바다이고 4분의 1이 육지다. 지구에 변화가 오면 바다가 4분의 1이 되고 육지가 4분의 3이 된다. 이렇게 지각이 움직이면서 세계 인구의 60~80%가 소멸한다고 한다.

얼마나 두려운 예언인가. 이렇게 지축이 23.5도에서 수직으로 바로 서서 자전하게 되면, 그때부터가 정역 시대인 것이다.

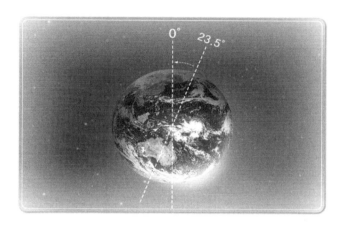

바닷물의 수위는 어떻게 바뀔 것인가? 북극의 그린란드 빙하만 녹아내려도 바닷물 수위는 7.2m가 상승한다고 한다. 남극의 빙하가 다 녹으면 수위가 58m 상승한다고 한다. 그러나 정역 시대에서는 오히려 수위가 내려갈 것으로 예상된다.

현 주역 시대에서는 지구가 23.5도로 기울어져 자전하기 때문에 우리나라에 계절의 변화가 있었다. 한반도에 봄, 여름, 가을, 겨울이 있었던 것이다. 지구의 북반구가 태양 쪽으로 기울어져 있을 때 북반구에 위치한 한반도에 태양의 고도가 높아져 일사량이 많은 여름이 되고, 반대로 지구가 태양에서 먼 쪽으로 기울어져 공전하게 되면 태양의 고도가 낮아져 일사량이 줄어들고 평균 기온이 떨어져 겨울이 오는 것이다.

지진 발생으로 인한 수많은 화재로 매연과 화산재가 대기 중에 머무르는 시간은 몇 달에서 1년에 불과할지 모르지만, 그 영향은 오래 남는다. 화산 활동이 일으킨 대규모 분출로 인해 대기는 태양 빛을 반사시켜 지구의 냉각 현상이 생긴다.

북극이나 남극에 화산 폭발이 일어난다면, 더 많은 빙하를 녹일 수 있다. 세계 대지각변동이 일어나 북극 빙하와 남극 빙하가 녹아내려 바다 수위가 잠시나마 높아질 수 있다. 그러나 정역 시대 지구는 북극과 남극에 빙하가 증가해 수위가 안정될 것이다. 대륙은 지진 피해도 막대하지만 낮은 지역이 수몰되는 피해를 막을 수 없을 것이다.

반대로 매연과 화산재가 태양을 가리게 되어 일사량이 부족해서 빙하기가 올 수도 있다.

• 빙하기

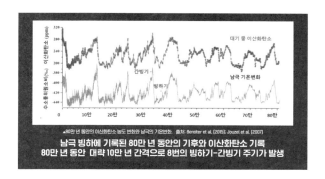

80만 년 동안의 이산화탄소 농도 변화와 남극의 기온변화. 출처: Bereiter et al. (2015); Jouzel et al. (2007)
남극 빙하에 기록된 80만 년 동안의 기후와 이산화탄소 기록
80만 년 동안 대략 10만 년 간격으로 8번의 빙하기-간빙기 주기가 발생

　빙하기와 간빙기는 여러 요인의 상호 작용 결과로 나타난다. 밀란코비치 주기는 이러한 변화의 주요 요인 중 하나로, 지구의 궤도 변화와 자전축 기울기의 변동이 주기적으로 발생하는 것을 보여준다. 이 주기는 약 10만 년의 주기로 나타나며, 태양 복사량의 변화에 영향을 미쳐 기후에 의미 있는 변화를 일으킨다. 이산화탄소 농도가 매우 높아지는 현상을 막을 수는 없다.

• 빙하기와 간빙기는 무엇인가.

빙하기(Glacial Period)는 지구의 평균 기온이 낮아지면서 대륙의 상당 부분이 빙하로 덮이는 시기를 말하며, 간빙기 (Interglacial Period)는 빙하기와 빙하기 사이에 존재하는 비교적 따뜻한 기온의 시기를 의미한다. 현재 인류는 간빙기에 살고 있다.

지구는 10만 년을 주기로 간빙기와 빙하기로 변화되어 왔다. 이러한 현상은 지구의 공전궤도가 원형에서 타원형으로 바뀌기 때문에 일어난다. 지구의 공전궤도가 타원형으로 바뀌게 되면 지구가 태양을 공전할 때, 타원의 먼 곳에 지구가 위치하게 되

면, 태양의 복사량이 줄어들어 지구의 기온이 낮아지게 되고 빙하기가 발생한다. 지구의 공전궤도는 원형에서 타원형으로 바뀌기를 반복하고 있다.

다행스럽게 정역 시대에는 지구의 공전궤도가 정원형으로 공전하기 때문에 빙하기는 오지 않는다. 그러나 몇 년 동안은 저온 현상과 농토 파괴로 흉년을 면하기는 어려울 것이다. 기아에 허덕일 것이다. 바닷물의 수위는 점점 낮아질 것으로 판단된다. 지구의 지축이 바로 서서 자전하므로 지구는 항상 일정한 태양 고도를 유지하게 된다. 지구의 공전궤도가 타원이 아니고 진원에 가까운 상태에서, 태양이 일정한 고도를 유지하게 되면 지구에 더 이상 계절의 변화가 없다는 뜻이다.

북극이나 남극은 항상 겨울만 있고, 적도 주변에는 여름만 있으며, 위도가 35도인 북반구나 남반구에서는 가장 살기 좋은 봄이나 가을만 있게 된다. 북극이나 남극에는 겨울만 있으므로 쌓이는 눈이나 빙하는 녹지 않고 그대로 유지된다. 이렇게 눈이 쌓이게 되면 바닷물 수위는 낮아지게 된다. 낮은 바다는 육지로 변하게 되어 더 많은 육지가 생겨난다. 우리나라 서해는 융기되어 육지가 생기는 현상도 있지만, 낮은 바다는 육지로 변할 수도 있다.

정역 시대로 바뀌는 변혁기에는 지각변동으로, 현재 육지가 4분의 1이고 바다가 4분의 3이었으나 육지와 바다의 비율이 반대가 된다고 예언하셨다. 지금보다 많은 육지가 생기고, 많은 인구가 소멸되어 세계의 인구밀도는 매우 낮아지게 된다. 이렇게 낮아진 인구밀도로 인해 인간 사이의 갈등이 줄어들게 된다. 국가 간의 갈등도 줄어들어 전쟁도 사라지게 된다. 세계는 풍요롭고 넉넉한 세상으로 바뀌게 된다.

위도가 높은 북유럽, 러시아, 캐나다 북부 지역은 점차 눈으로 덮여 쌓이기 시작하고, 추운 겨울만 있을 것이다. 여름이 사라진다. 지축이 정립된 상태에서는 계절의 변화가 없는 현상이 지속할 것이다. 사람 살기 어려운 지역으로 바뀔 것이다. 위도가 높은 북유럽 국가의 많은 국민은 나라를 떠나게 될 수도 있다.

빙하기 지구의 평균 기온은 약 10℃ 이하로 마지막 빙하기는 약 11,700년 전 끝났다고 한다. 간빙기는 지구 평균 온도가 상승하여 빙하는 줄어들고, 평균 기온이 약 15℃ 이상이 된다. 빙하기와 간빙기는 여러 요인의 상호 작용의 결과로 난다. 태양 복사량의 변화에 영향을 미쳐, 기후에 의미 있는 변화를 일으킨다.

지구는 빙하기가 약 11,700년 전에 끝났다고 하니, 다음 빙하기는 8~9만 년 후에 또 올 수 있다고 봐야 한다. 지구의 공전궤도가 타원형으로 바뀌게 되면 지구의 평균 기온이 떨어져 빙하기가 오게 된다. 그러나 우리가 사는 한반도는 자전축이 정립되어 있는 이상, 우리 한반도까지는 빙하기가 오지 않는다.

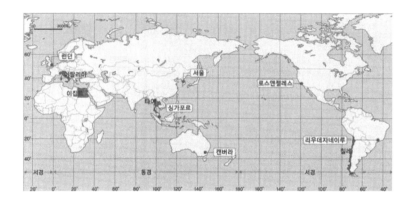

제11부

우리 삶의
변화

복희 팔괘는 선천의 선천, 문왕 팔괘는 선천의 후천이고, 정역 팔괘는 후천시대로 가을철에 해당하며, 음양이 조화를 이루게 된다.

정역 팔괘도에서 보면 건(乾)은 북쪽에 위치하여 양(陽)을 나타내고, 곤(坤)은 남쪽에 위치하여 음(陰)을 나타내어 조화를 이루고 있다. 태(兌)는 서쪽 양(陽), 간(艮)은 동쪽 음(陰), 이(離)는 남서쪽 양(陽), 감(坎)는 동북쪽 음(陰), 진(震)은 서북쪽 양(陽), 손(巽) 동남쪽 음(陰), 서로 음양의 조화를 이루고 있다.

• 팔괘

天	澤	火	震	風	水	山	地
乾	兌	離	震	巽	坎	艮	坤
父	少女	中女	長男	長女	中男	少男	母
太陽		少陰		少陽		太陰	
陽				陰			
太極 ☯							

　음양과 건곤이 바르게 정립되지 못한 불균형의 주역시대에서, 지구의 대지각변동으로 인해 음양이 조화되고 건(乾)과 곤(坤)이 바르게 정립되어 있는 균형의 시대가 열릴 것이다.

　이렇게 지구의 자전축이 정립되어 자전하게 되면서 정역 시대가 열릴 것이다.

• 일출

정역 시대가 되면 각각의 위도에 따라 일출과 일몰 시각이 항상 일정하게 된다. 항상 일정한 시간에 낮이 오고 밤이 오니 사람의 생체 리듬이 깨지지 않고 일정해서 살기 좋은 환경이 된다. 정신과 몸 건강에도 좋은 환경이 될 것이다.

• 사계절

정역 시대에는 계절의 변화가 없어진다. 지구가 정립하여 자전하면서 태양의 고도가 변화 없이 일정하다. 태양의 고도가 일정하므로, 태양의 복사량도 일정하게 되어 계절도 일정하게 된다.

• 1년은 360일

주역 시대에 살고 있는 지금의 시대에는 1년이 365일 4분의 1

일이, 정역 시대에는 1년이 360일로 바뀌어 윤년이 없어진다고 한다. 음력의 한 달은 29.5일로 12달을 계산하면 354일로 양력과 차이가 약 11일이 발생한다. 그래서 윤달을 넣어 양력과 음력을 맞춰 사용했다.

하지만 우주의 가을철에는 태양력과 태음력이 모두 360일로 같아진다. 한 달은 항상 30일, 일 년은 항상 360일이 된다. 달이 지구를 한 바퀴 공전하는 시간을 한 달이라고 하는데, 한 달이 30일로 바뀐다. 이렇게 바뀌게 되면 2~3년에 한 번씩 오던 윤달이 없어지게 된다.

양력과 음력이 30일로 바뀌게 되면, 양력 1일에 음력 어느 한 날이 오게 되고 다음 달에도 같은 음력이 온다는 뜻이다. 항상 일정한 날에 보름달이 뜨게 된다. 음력 날짜를 달력을 따로 찾아보지 않아도 알 수 있다. 정역 시대에서는 태양력도 1년이 360일, 태음력도 360일이므로 한번 기준이 정해지면 같은 날에 음력도 정해져서 쉽게 알 수 있다.

- 밀물과 썰물

정역 시대로 바뀌게 되면, 밀물과 썰물도 지금처럼 복잡하게 바뀌지 않고 일정한 시간에 물이 들어오고 나가는 주기를 갖게 된다.

지구가 자전함에 따라 하루에 2번씩 밀물과 썰물이 일어났다. 매일 밀물과 썰물 시간이 바뀌었다. 정역 시대에는 밀물과 썰물 시간이 일정하게 발생하게 된다.

주역 시대에서는 지구가 기울어져 자전함으로 달이 당기는 중심이 변화했으나 정역 시대에서는 변화하지 않고, 일정한 위치, 지구의 적도를 중심으로 당기는 힘이 발생한다.

1년이 360일이 되려면 지축의 정립과 더불어 지구의 공전궤도도 타원형에서 정원형으로 바뀌어야 한다. 이렇게 공전궤도가 정원형으로 바뀌고 지축이 남북으로 바로 서면 개벽이 되는 것이다. 이 개벽시대가 정역의 시대인 것이다.

• 24절기

봄	입춘	우수	경칩	춘분	청명	곡우
여름	입하	소만	망종	하지	소서	대서
가을	입추	처서	백로	추분	한로	상강
겨울	입동	소설	대설	동지	소한	대한

이에 김일부 선생님은 우리나라의 24절기를 다음과 같이 작성하셨다.

현재에는 표에서 보는 바와 같이 봄, 여름, 가을, 겨울이라는 사계절이 있었으나, 정역에서는 계절이 없어진다.

24절기도 절기가 아니라 달력 구분만 있을 뿐이다.

• 정역의 절기

卯辰巳月	원화	중화	대화	포화	뇌화	풍화
午未申月	입화	행화	건화	보화	청화	평화
酉戌亥月	성(成)화	입화	함화	형화	정화	명화
子丑寅月	지화	정화	태화	체화	인화	성(性)화

위 표에서 보는 것과 같이 계절은 없어지고 월 구분만 하셨다.

현재 우리가 사용하는 한 해 중 봄에 해당하는 1, 2, 3월은 인묘진(寅卯辰)월이고, 여름은 4, 5, 6월 사오미(巳午未)월, 가을은 7, 8, 9월 신유술(申酉戌)월, 겨울은 10, 11, 12월 해자축(亥子丑)월이다.

정역에서는 계절 구분은 없고, 1, 2, 3월은 묘진사(卯辰巳)이고, 4, 5, 6월은 오미신(午未申), 7, 8, 9월은 유술해(酉戌亥), 10, 11, 12월은 자축인(子丑寅)월이 된다.

주역 시대에서는 한 해가 1월 인(寅)월부터 시작했으나, 정역 시대에서는 1월이 묘(卯)월부터 시작된다.

• 문명

탄허 스님은 미래 한국에서 새로운 문명이 일어나고, 한국이 세계의 문화 중심 국가가 된다고 했다. 세계의 문명이 한국에서 출발해서 한국에서 꽃을 피우게 된다고 예언하셨다.

그래서인지 20세기 말부터 우리나라 국민들은 세계에서 두각을 나타내기 시작했다. 너무 많아 일일이 손에 꼽을 수 없을 정도다. 하루아침에 세계를 주도하는 문화 국가가 되는 것은 쉬운 일이 아니다. 수십 년, 수백 년 전부터 유지되고 꾸준하게 발전되어야 최고의 문화 국가가 될 수 있다.

우리 국민은 남을 배려하고, 정이 많고 질서가 있으며 창의적이다.

진심으로 도움을 주는 대한민국 국민이기 때문인지, 미래에는 한국이 세계의 중심국가, 최고의 문화 국가가 되어서 세계 문화사를 주도해 나간다고 한다.

• 정신문화

　우리나라는 유불선과 천주교, 기독교 등 모든 종교가 공존하는 곳으로, 미래에는 한국에서 세계를 선도해나갈 찬란한 정신문화가 일어나서 꽃을 피우게 된다고 한다.

　한국에서 뛰어난 선각자들이 많이 배출되어 세계로 뻗어 나가 세계의 많은 국가에게 뛰어난 선진 문화를 전수해 주고, 세계인들의 정신문화 발달을 선도해나감으로써, 세계인들로부터 큰 존경을 받게 된다고 한다. 한국의 정신문명이 세계를 지배하게 되고, 한국은 자연스럽게 세계의 중심국가로 우뚝 서게 된다는 뜻이다.

　탄허 스님의 예언에 따르면, 미래에 한국이 세계의 정신문화를 선도해 가는 문화의 중심국가가 된다고 하니, 한국인으로서는 정말 영광스러운 일이 아닐 수가 없다. 10년 전만 해도 한국이라는 나라가 있는지조차 몰랐던 세계의 젊은이들이 지금은 'K-POP'과 한국의 아이돌 가수에 열광하고, 심지어 K-POP을 한국말로 따라 부르며, 한국어 배우기 열풍과 한국문화 열풍이 범세계적으로 일어나고 있다.

　이처럼, 지금 세계의 젊은이들이 '한류'와 'K-POP'에 열광하면서, 한국의 우수한 문화가 세계로 퍼져나가는 이 놀라운 현상을 이미 50년 전에 탄허 스님이 예언했다고 하니, 정말 소름이 끼칠 정도로 놀랍기만 하다.

우리나라에서 만든 드라마와 영화 등 K-문화 콘텐츠가 아시아를 넘어서 유럽과 아랍, 아프리카의 80개국에서 지금도 인기리에 방영되고 있다. 요즘은 오징어 게임이 전 세계를 강타하고 있으며, 한국의 아이돌 가수인 블랙핑크와 방탄소년단은 미국의 빌보드 차트를 휩쓸면서, 전 세계적으로 선풍적인 인기를 끌고 있다.

이와 같이 우리나라의 현실적인 상황이 탄허 스님의 예언과 어느 정도 일맥상통한다고 느껴지는데, 한류와 K-POP 열광이 더욱 가속화되고, 한국 문화가 세계적으로 더욱 크게 확산되어 탄허 스님의 예언대로 우리나라가 세계의 중심국가가 될 수 있을지는 좀 더 시간이 지나가면, 그 결과를 알 수 있을 것 같다.

• 중심국가

머지않아 남북이 통일되어, 북한의 위험성이 사라지게 되면, 우리나라는 자유민주주의 국가로 더욱 발전할 수 있다. 통일된 대한민국은 정신적으로나 물질적으로도, 매우 발전한 선진국으로 도약하게 되어 세계의 중심국가가 되어 미국과 함께 세계를 지도해 나갈 것이다.

또한, 세계 대환란이 닥쳐왔을 때, 인류를 구출해낼 능력을 갖춘 지도자가 한국에서 나온다고 탄허 스님은 예언했다.

우리나라를 자유민주주의 국가로 건국한 건국 대통령은 이승만 대통령이다. 가난을 벗게 해주신 경제 대통령은 박정희 대통령이다.

해방 후부터 지금까지 자유민주주의를 말살시키려는 사회주의 세력과 갈등을 계속 겪고 있다. 이 사회주의 세력들이 사라지고, 자유민주주의를 탄탄하게 만들게 되면, 비로소 우리나라는 자유민주주의를 바로 세우는 제2의 건국이 될 것이다.

인류를 구할 지도자는 어떤 분일까? 궁금해진다.

• 식량 자급자족

지진이나 화재로 대기에 섞여 있는 오염 물질들은 비나 눈에 섞여 내릴 것이다. 비나 눈이 계속 내리면서 대기는 점점 맑아질 것이다. 대기 중에 매연이나 화산재 같은 오염 물질이 사라지게 되면, 오염된 빗물이 아니라 깨끗한 비가 내리고 맑은 물이 흐르는 시대에 살게 된다.

우리 한반도 기후는 봄이나 가을과 같은 일정한 날씨로 항상 유지 된다. 여름과 겨울이 없고, 봄, 가을 같은 날씨라서 매우 살기 좋은 곳이 된다.

현재 우리나라에서 식량 자급률은 20% 정도로 식량을 수입하지 않고선 살 수 없었으나, 농사를 2모작 3모작으로 지을 수 있고, 일사량이 풍부하여 식량 생산량이 올라간다. 현재 많이 심고 있는 품종이 아니라, 아열대기후의 종자 등으로 농작물의 품종도 많이 바뀌게 된다. 통일된 대한민국은 식량도 자급자족할 수 있을 것이다.

서해안의 융기된 영토에서도 작물을 생산할 수 있다면, 식량도 자급자족을 넘어 곡물 수출도 할 수 있다. 통일된 대한민국의 인구는 7천만이 넘고 식량은 자급자족할 수 있으며, 고도 경제 성장을 할 수 있게 된다. GDP가 고속으로 성장하여 세계 5위권 내로 진입할 수 있을 것이다.

· 산림

산과 들은 항상 푸르게 펼쳐질 것이다. 지금처럼 아름다운 단풍은 보기 힘들게 될 것이다. 온대 지방에서 자라던 수종들도 아열대 기후 숲으로 바뀌게 된다. 나무들은 겨울이 없어 성장 속도가 2~3배 이상 빠르게 된다. 나무도 굵어지고, 성장 높이도 커진다.

다만, 삼림이 온대 지방에서 아열대 지방으로 변화하는 현상이 1~2년 사이에 일어나게 됨으로써, 어떠한 문제가 생길지는 알 수가 없다. 아마도 온대성 수종들은 멸종하게 되고, 아열대 기후형 수종으로 바뀌게 되면 면적당 산림 생산량도 많이 증가할 수 있다. 목재를 수입하는 수입국에서 20~30년 내 수출하는 국가로 바뀔 수도 있다. 1차 산업인 곡물과 산림을 수출하는 나라가 될 것 같은 꿈같은 생각에 행복해진다.

• 변혁에 대한 충격

지구가 정역 시대로 가는 변화는 매우 어렵다. 정역은 정역 팔
괘에서 곤(坤), 건(乾)과 같은 지축이 바로 서서 자전하는 것이다.
지구의 무게 59.7해 톤을 바로 세우는 변화가 일어나는 변태점이
지금부터 다음 갑자년까지라는 중심에 와 있는 것이다.

지구의 성질이 바뀌는 변태점, 정역을 바로 알고 잘 극복해야
많은 우리 국민이 살아남아 있을 수 있다는 뜻이다. 이러한 변화
를 아무런 준비 없이 맞게 되면, 매우 놀라고, 큰 충격을 받게 될
것이다. 마음의 준비가 있는 사람과 준비 없이 상황에 내몰린 사
람의 충격 차는 매우 클 것이다. 준비 없이 큰일을 당하게 되면,
엄청난 현실에 충격을 받아 병을 얻게 될 것이다.

우리는 이러한 현실이 닥쳐오더라도 서로 돕고 위로하며 위기를
극복하고, 재건에 힘써야겠다. 우리 민족은 위기에 서로 돕고 단
결하여, 고난을 극복하고, 이겨나가 세계를 선도하는 저력이 있다
는 것을 의심하지 않는다. 우리나라가 큰 재난을 극복하는 과정
에서 세계를 선도하게 될 것이다.

대변혁기가 일어나고, 힘든 고난의 시간이 3~4년간 이어질 것

이다. 모든 것을 완벽하게 복구하려면 몇십 년은 걸릴 것이다. 그러나 가장 시급한 것은 우리 개개인의 생활을 복구하는 게 우선일 것이다.

• 지진

맨틀에는 지구의 자전으로 항상 발생하는 원심력으로 지각판을 위로 밀고 있다.

지구 중심부의 맨틀은 온도가 높고, 지각판에 가까운 맨틀은 온도가 낮다. 이렇게 맨틀의 온도가 높고 낮음에 따라 비중 차이가 생기게 된다. 이러한 비중의 차이로 대류 현상이 일어난다.

주역 시대에는 지구는 태양을 공전하면서 황도를 중심으로 당기는 힘이 생긴다. 태양이 당기는 힘과 달이 당기는 힘에 의해서 맨틀은 대류 현상이 발생한다. 이 힘에 의해 밀물과 썰물도 생긴다.

이런 모든 힘은 지구의 자전으로 생기는 원심력과 달과 태양이 당기는 힘의 크기 변화에 따라 요동치게 된다. 맨틀의 대류 현상이나 지각판에 작용하는 힘의 크기에 따라 상황이 달라지는 것이다.

이렇듯 지각판에 작용하는 응력의 변화가 많아, 지각판의 움직임이 달라지게 된다. 그 결과로 지진과 화산이 많이 발생했던 것이다.

정역 시대에서는 지축이 바로 세워지면서, 지구의 자전에 의한 원심력은 변동이 없고 지각판에 항상 일정한 크기로 작용하게 된다.

주역 시대에는 맨틀은 당기는 힘이 지구의 남북으로 움직임이 컸으나, 정역 시대에서는 남북으로 움직임이 없어진다.

달이 당기는 힘도 항상 지구의 중심에서 당기게 되고, 태양이 당기는 힘도 지구의 기울기가 없어 항상 지구 중심에서 당기게 된다. 이렇게 당기는 힘의 중심이 일치함으로써 대류의 변화도 크지 않다.

지구의 축이 바로 서면서 맨틀이 요동치지 않고, 맨틀의 충격파도 작아질 것이다. 지구가 기울어져 자전 시에는 맨틀이 요동치는 움직임으로 지각판에 작용하는 응력이 불규칙하게 작용했었다. 정역 시대에서는 맨틀의 대류 현상도 지구의 남북으로 크게 움직이지 않고, 안정될 것이다. 맨틀이 남북으로 크게 요동치지 않으니, 지각판들도 크게 움직이던 힘이 약해지게 된다. 따라서 지각이 안정되어, 지진이나 화산 폭발도 많지 않고 지진의 강도도 크지 않을 것이다. 지구는 안정기가 들어서게 된다.

· 살기 좋은 기후

주역 시대에는 우리나라 중부지방의 위도가 37도로 여름 하지(6월 21일)에는 태양의 남중 고도가 90도−37도+23.5=76.5도가 된다. 겨울 동지에는 태양의 남중 고도가 90도−37도−23.5도=29.5도가 된다. 춘분과 추분의 태양의 남중 고도는 90도−37도=53도로 계절에 따라 태양 고도가 변화했다.

정역 시대에서는 지구의 태양 고도가 항상 일정하게 된다. 적도에는 항상 고도가 90도 된다. 고도의 변화가 없어진다. 적도에 살고 있다면 태양은 항상 머리 위에서 비추게 된다는 뜻이다.

주역 시대에서는 지구가 23.5도 기울어져 자전과 공전을 반복하기 때문에 계절에 따라 적도를 기준으로 봄의 춘분과 가을 추분에는 태양 고도가 90도가 된다. 주역 시대에 지구가 공전하면서 태양의 남중 고도가 23.5도에서 북중 고도가 23.5도로 변화했다. 그러나 정역 시대에서는 지구가 기울기가 없고, 정립되어 공전하기 때문에 계절의 변화가 없어지게 되는 것이다.

정역 시대에서는 우리나라 한반도 서울지역은 남중 고도가 53도가 될 것이다. 중부지방에서는 항상 태양이 남중 고도 53도에 위치하는 것이다. 따라서 항상 봄과 가을과 같은 날씨만 변화 없이 지속한다. 인간이 가장 살기 좋은 날씨, 덥지도 않고 춥지도 않은 날씨, 살기 좋은 기후가 될 것이다.

• 겨울이 없다

겨울이 없으니 추위를 잘 알지 못할 것이다. 야외에서는 얼음을 볼 수 없게 된다. 추워서 장갑을 끼고, 두툼한 내의를 입고, 두꺼운 티를 껴입고, 무거운 외투를 걸치는 모습은 더 이상 찾아볼 수 없게 된다.

겨울철 내리는 눈도 볼 수 없어, 우리 후세들은 눈이 어떻게 생겼을까 무척 궁금해할지도 모른다. 대만이나 동남아시아 사람들이 눈 구경하러 우리나라로 관광을 오듯 우리나라 국민도 백두산이나 만주 지방으로 눈 여행을 떠날 수도 있다.

여름도 없어진다. 여름에 휴가를 가는 풍습도 사라질 것이다. 학생들의 방학도 여름 방학이나 겨울 방학이 사라질 것이다. 전혀 다른 학기가 시작될 것이다.

• 아열대 식물

한반도에서는 지금과는 다른 식물들이 자라게 될 것이다. 가을에 잎이 떨어지고 겨울에 죽는 식물들은 사라지고 다년생식물로 바뀌게 될 것이다.

고추를 심으면 올해도 수확하고, 다음 해에도 수확하는 세상이될 것이다. 지금은 봄에 고추를 심으면, 여름에 수확하고, 가을이 되면 고춧대를 뽑아 버리지만, 아열대 기후로 바뀌게 되면 올해도 수확하고 계속해서 수확할 수 있다. 아무 때나 작물을 심고 수확할 수 있다. 1년에 한 번만 농사를 짓는 것이 아니라 3모작도 가능해진다.

지금과는 다른 작물이 자라게 될 것이다. 우리나라 중부지방에서도 바나나를 수확할 수 있다. 나무도 온대 지방에 알맞은 수종이 아니라 아열대 기후에 맞는 수종으로 바뀔 것이다. 온대 지방 나무들은 북쪽 지방으로 옮겨질 것이다. 온대림은 고산 지역에서나 볼 수 있을 것이다.

산림들은 아열대 기후에 알맞은 수종으로 바뀌게 되고, 겨울이 없어 성장이 멈추지 않아 항상 푸르게 자라게 된다. 한반도는 사람이 살기 좋은 지역이 될 것이다.

・위도 높은 지역

위도 높은 지역은 항상 겨울만 있으므로 살기가 어렵다. 위도가 60도인 지역은 태양의 남중 고도가 30도이다. 따라서 위도가 60도 이상인 지역은 동토의 땅이 된다. 항상 겨울만 있고 한 번 쌓인 눈은 일 년 내내 녹지 않고 쌓여있을 것이다. 위도가 높은 북유럽과 캐나다 북부 알래스카 러시아 북부는 지금보다 평균 기온이 더 낮아져 살기가 어려울 것이다. 그곳 주민들은 이주를 고민해야 할 것이다.

현재 주역 시대에서는 지구가 기울어져 자전하기 때문에 계절의 변화가 있어 여름도 있고 겨울도 있다. 그러나 정역 시대가 오면 여름은 없고, 겨울만 있게 된다. 우리나라 동지 때 남중 고도가 29.5도이다. 위도가 60도인 지역이 남중 고도가 30도이니 현재 우리나라 동지 때 태양의 복사량과 비슷해질 것이다. 복사량이 동지 때와 비슷하니 위도가 60도 이상인 지역은 평균 기온이 낮은 겨울만 있게 된다. 이렇게 겨울만 있게 되니 식물이 성장하기 어렵다. 동토의 땅이 될 것이다.

- 바다

　북극이나 남극에 눈이 내리면 녹지 않고, 내린 눈은 그대로 쌓이
게 될 것이다. 눈이 계속 쌓이다 보면, 빙하가 만들어질 것이다. 이렇
게 바다가 줄어들고 바닷물의 양도 줄어들어, 바다 수위는 낮아지게
된다. 바닷물이 줄어들게 되면 바닷물의 염도는 점점 높아지게 된다.

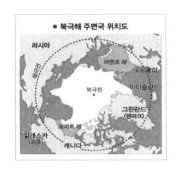

　북극해는 얼음으로 모두 덮인다. 여름에 배가 다니던 북극 항로
는 얼음으로 덮여 더 이상 배가 다닐 수 없을 것이다.
　그동안 온난화로 남극 대륙의 빙하가 녹아 육지가 많이 보이
고, 바다 수위가 높아졌다. 남극 대륙도 모두 빙하로 덮이게 될
것이다. 그곳에는 더 많은 눈이 쌓이게 된다.

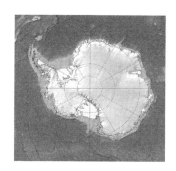

남극에는 빙하가 2,000m가 넘는 정도의 두께로 쌓여 있다. 이 빙하가 모두 녹게 되면, 바닷물 수위는 58m나 상승한다고 한다. 다행히 남극이 바다가 아니고 육지로 되어있어, 지구의 수위 상승을 막을 수 있는 것이다.

만약 육지가 아니고 바다라면, 바다에 떠 있는 빙하는 바다 수위에 영향을 미치지 않을 것이다. 남극 대륙에 빙하가 쌓여있어야 바다 수위가 줄어들 수 있는 것이다. 남극 대륙에 현재보다 10%의 빙하가 쌓인다면 바닷물의 수위는 6m 정도가 낮아진다. 수위가 낮아지면 낮은 바다인 서해안은 육지로 바뀌게 된다.

남극과 북극에 눈이 쌓일수록 바닷물의 수위는 점점 낮아지게 된다. 빙하가 커지면 커질수록 육지가 늘어나 육지가 바다보다 넓어지게 될 수도 있다.

이러한 세상이 오면 태평양의 작은 섬들은 수몰 위기를 벗어나게 된다. 우리나라도 수몰 위기에 처한 태평양의 작은 섬나라 주민들을 지금부터 받아들여야 한다. 정역 시대에는 태평양에 수몰 위기에 처한 작은 섬들이 수위가 낮아지면서 섬의 면적이 넓어지게 된다.

• 주택

주택도 지금과 많이 달라진다. 현재 우리 주택은 겨울에 혹한기가 있어 난방 시설을 철저하게 시공했다. 벽과 지붕에는 보온 시설을 완벽하게 시공하지 않으면 인간이 거주하기 힘들었으나, 정역 시대에는 겨울이 없기 때문에 동파에 대한 염려가 줄어, 건물 시공이 훨씬 쉬워질 것이다.

주택 처마도 태양의 고도가 일정해서 길이도 크게 조절할 필요가 없다.

• 의복

한겨울용 외투도 가벼운 가을용 외투로 바뀌게 된다. 눈 한번 보기 힘든 세상이 오니, 얼음도 보기 힘들고, 눈도 보기 힘들다. 눈 구경을 하려면 만주 지방으로 가야 눈을 볼 수 있을 것이다. 눈이 없으니 스키를 타는 것도 어려워진다. 또, 얼음이 얼지 않으니 빙판을 볼 수가 없다. 썰매도 보기 힘들어진다.제설 작업

겨울이 되면 제설 때문에 비상이 걸린다. 제설차도 필요 없고 제설 도구도 필요 없게 된다. 힘들게 집 앞 눈을 치우는 일도 사라지게 된다.

• 차량

자동차도 블랙 아이스 걱정을 하지 않아도 된다. 스노타이어도 필요 없어진다. 차량에 히터가 없어도 큰 문제가 없을 것이다.

• 냉방 장치

여름이 없어지기 때문에 냉방 장치가 크게 필요하지 않을 것이며, 에어컨도 지금은 필수품이 되었지만 필수품에서 제외될 것이다. 선풍기 용도도 더워서가 아니라 다른 용도로 사용하게 된다.

• 영토

우리나라 영토는 북한과 통일되어 한반도 전체와 일본이 침몰되고 남은 영토가 우리 영향권으로 들어오게 된다. 만주와 요동 그리고 러시아의 극동 영토가 편입되고, 서해안이 융기되면 우리 영토는 80만㎢ 크기로 늘어나게 될 것이다.

정역 시대에는 지금과는 다르게 인구도 1억 명 이상이 되며, 지하자원도 많고, 식량도 자급자족이 가능한 국가로 성장하게 된다. 이때부터는 미국 다음 가는 자유민주주의 핵심국가로 성장할 것이다.

· 세계

 탄허 스님의 예언대로라면, 대지각변동으로 인해 미래에는 악하고 탐욕스러운 인류의 70%에 해당하는 악인들은 모두 정리되고, 선량한 30%의 사람들만 살아남게 된다. 대재앙 이후에는 육지는 넓어지고, 인구는 줄어, 넉넉한 영토와 낮은 인구밀도로 평화로운 세상이 온다고 한다.
 이것은 하늘이 정한 자연법칙과 인과응보에 따라 필연적으로 일어나게 되는 현상이라고 했다.

제12부

영국의 예언가
크리스 로빈슨 예언

일본 영토의 대부분은 영원히 회복할 수 없을 정도의 타격을 입게 될 것이다.

거대한 지각판이 지진과 화산 폭발을 일으킬 것이며, 바다에서 해일이 일어나 인도네시아와 중국 남부 그리고 일본 전체에 파멸적인 타격을 입힐 것이다. 한반도 역시 커다란 지진과 해일이 매일 일어날 것이며, 이로 인해 한반도 동쪽 해저 부근에 침몰해 있던 육지가 부상할 것이다.

이 시기에는 한반도 역시 큰 피해를 볼 것인데, 이때 일본은 완전히 붕괴되고 일본의 인구가 한반도로 유입될 것이다. 그러나 한국인들은 이러한 대격변을 극복하고 좋은 세상을 열 것인데, 이후에는 한국을 중심으로 세워진 하나의 연합 기구가 탄생할 것이며, 궁극적으로는 통일된 하나의 정부가 이루어질 것이다. 그리고 한반도에 새로 도입된 통화는 전 세계 어디에서나 통용될 것이다.

한반도에서 전쟁이 일어나는 상황은 전혀 보이지 않으며, 한국 사람들이 남북한을 자유롭게 여행할 수 있게 될 것이 보인다.

또 다른 특별한 것은 꿈속에서 나는 열차에 타고 있었는데, 그것은 평양에서 서울로 온 첫 번째 기차였다.

https://youtu.be/U02HM-KdS9Q?si=wqifJkk1qkPcKl9D

미래 한반도에는 오래전부터 예언되었던 지상 낙원이 실제로 이루어질 것이라 했다. 영국의 예언가 크리스 로빈슨 예언에서도 우리나라를 희망적으로 보고 있다.

내가 이 글을 쓰는 것도 우리 대한민국의 무궁한 발전과 영원하기 바라는 마음에서 비롯되었음을 밝혀둔다.